企業は公共のもの
# 企业属于大家

[日]**松下幸之助** —— 著

张小苑 —— 译

# [日] 松下幸之助

松下电器（现"松下株式会社集团"）创始人。

1894 年，出生于日本和歌山县。9 岁时，独自到大阪当学徒。23 岁开始创业，一路带领企业成长为全球性集团。1932 年，产生了自己的哲学——松下哲学。1946 年，创办 PHP 研究所。1987 年，应中国政府之邀在华建成合资工厂。1989 年去世，享年 94 岁。2018 年，荣获中国政府颁发的中国改革友谊奖章，被誉为"国际知名企业参与我国改革开放的先行者"。

代表作有《道：松下幸之助的人生哲学》《天心：松下幸之助的哲学》《道路无限》《开拓人生》。

# 目 录

**第一章　松下电器发展的原因　/001**

理想的人才　/003

生意是公共的　/006

开放的全员经营　/007

一年三十四万件提案　/010

不做"唯命是从"的经营　/011

畅所欲言的公司环境　/014

国家和公司需要一面旗帜　/015

每年举办经营方针发布会　/017

"完美"的人反而用不好人　/020

什么是真正的勇气　/022

从大局出发的改革　/024

政治家应该具备卓越的判断力　/026

企业属于大家

## 第二章　企业与社会　/ 029

　　企业属于国家　/ 031

　　五十年前的领悟　/ 034

　　企业是国家交给你代为经营的　/ 036

　　美国经济疲软、物价高企　/ 039

　　电子计算机的影响　/ 041

　　用好电子计算机需要智慧　/ 044

　　新想法带来新办法　/ 046

　　日本特色的经营　/ 048

　　放任自由资本主义的结果　/ 050

　　有益于公共生活的生产与消费　/ 053

　　企业属于大家　/ 055

　　基于新型人类观的第二次文艺复兴　/ 058

　　利益是相互的　/ 061

　　为什么不能过度竞争　/ 063

　　竞争需要规则　/ 065

　　专注做本业有利于降低物价　/ 068

　　企业不能脱离社会而存在　/ 071

　　问答环节　/ 073

目录

**第三章　新时代的经营理念**　/ 083
　　快速变化的社会形势　/ 085
　　国家的经营　个人的经营　/ 087
　　企业属于谁　/ 090
　　问答环节　/ 094

**第四章　经济衰退期的心得**　/ 119
　　都是赤字状态　/ 121
　　接受困难的存在　/ 124
　　雨过天会晴　/ 126
　　顺应时代潮流　/ 128
　　像在看戏　/ 128
　　企业在支撑低失业率　/ 130
　　休养生息，静待时机　/ 133
　　停止推卸责任　/ 135
　　认清现实，奋发向上　/ 137
　　应尽的责任　/ 139
　　国家需要目标，国是必不可少　/ 142
　　发行百万亿日元公债　/ 144

日本的未来充满希望 /146
重新审视日本的优势 /148

## 第五章　谈经营 /151

加藤大观先生 /154
得道高僧也有心乱的时候 /157
决策不能被"愤怒"左右 /159
身居高位者的责任 /162
产品本身就是最好的招牌 /165
虚心学习 /169
"经营指导费"的由来 /172
精益求精 /175
彻底转变思路才能绝处逢生 /179
了解过去很重要 /182
宝椅子的成功 /185
经营者导致公司倒闭 /189
聪明人反而危险 /191
最终的差别在于"私"的有无 /192
经营者的责任意识是走出困境的关键 /194

目 录

把重要客户的儿子送去当学徒 /196
倾听意见，集思广益 /199
借用他人的智慧 /201

第六章 **感谢、感恩的日子** /205

想活过三个世纪 /208
大学的增加与犯罪的增加 /209
教育是否过于偏重智育 /211
继续这样下去，会陷入困境 /214
邓小平先生的态度给我留下深刻印象 /216
为什么有那么多不满和抱怨 /218
德川时代的少主教育 /220
选举权带来的自豪与喜悦 /222
懂得价值判断的重要性 /225
作为人生前辈的责任 /226
日复一日，心怀感激地生活 /229
创办松下政经塾 /231
乐观主义与悲观主义 /233
"问问煤炭吧" /236

永不放弃，直至成功 /238

**第七章　对话全球青年社长** /241
十年前提出的新人类观 /243
遭遇事故，领悟"强运" /247
建造木船和木飞机 /249
背负七百万债务，重新出发 /252
经济萧条并非天灾 /255
问答环节 /258

**松下幸之助生平年表** /272

（简体中文版有部分改动）

# 第一章

# 松下电器发展的原因

- 早在企业只有十来名员工的创业初期，我们就将财务报表对员工公开。自那时起，公司就不再是松下幸之助一人在经营了，而是"大家共同经营"，这种共同经营气氛的产生也就非常自然了。

- 大多数员工需要理解社长在思考些什么，公司目前在朝着什么方向努力发展。因此，公司的领导者必须给员工们指明方向。

- 即使是勇气不足的个体，当他意识到"自己必须为公司、为员工、为客户，做应该做的事情"的时候，他也会获得勇气。站在真正的正义之上，人就会获得真正的勇气。

第一章　松下电器发展的原因

承蒙介绍，我是松下幸之助。如大家所知，今天是这个集会的第 300 场会议了，这个数字着实令人惊讶，与此同时，这个系列集会能够持续 300 场，也实在令人高兴，我其实非常期待今天和大家在这里交流。

讲些什么好呢？其实，在座的诸位经验都非常丰富，所以我不知道我的无聊故事是否会对诸位有帮助。今天，与其说是演讲，不如说是我借这个机会和诸位谈一谈我一直在做的事情，也借机与诸位进行讨论，增进认识。

## 理想的人才

首先，非常抱歉不得不提及我个人的情况。今年是松下电器成立 51 周年的年份，去年我们举办了公司成立 50 周年的庆典。我 23 岁开始创业，创办了自己的工厂，当时的规模很小。51 年过去了，公司发展到今天这样的规模。当年，为了谋生，我创建了工厂，不敢有太多的奢望。如今，公司成长为这样大型的企业，我自己也非常吃惊。

为什么会有这么大的发展呢？首先，应该说很大程度上归功于时代的潮流，或者说是时代的进步。

众所周知，与电气相关的行业在不断进步和发展。行业的性质造就了松下电器今天的成就，我认为这是首先要考虑的因素。如果我从事的是其他行业，应该达不到今天的状态。

其次，人很重要。我认为理想的人才不断地进入公司，才使得公司快速发展。迄今为止，我们用过很多人，但没有一个人出现过重大失误。我们不能说公司里没有人做过错事，但的确非常少。我觉得对我而言，这实在是一件非常幸运的事情。

我相信在座的各位可能有过类似的经历，就是当我们颇费心思地找来我们认为理想的员工时，我们当然觉得这个人应该是没有什么问题的，但是工作一段时间后，有可能会发现效果并没有我们预期的那么好。当然，相反的事情也有可能发生。有的时候，我们受人之托，用了不得不用的人，其实我

## 第一章 松下电器发展的原因

们内心并不看好那个人，非常勉强，但是当他一上手，我们反而发现对方实际上是非常靠谱儿的员工。大家一定有过类似的经验吧？

就我个人而言，我的运气比较好，没有遇到特别惹是生非的员工。受人之托不得不用的员工，虽然一开始并没有抱什么期待，但事实上员工工作得非常好，这是我的福气。

我也曾经考虑过为什么会出现这样的情况，思来想去还是觉得这是一种运气。决定录用员工时，对方是否可靠、可用，经营者虽然在一定程度上是心里有谱儿的，但还是无法完全确认。正因为如此，才有"运气天定"这种奇妙的说法，其实用人也是一种"运气天定"的事情。运气不好的话，就有可能用了不该用的人，而该用的人却没用上。这种事不是个人意志能够完全决定的。总之，虽然不是自己的意志可以完全决定的，但是自然而然地发展到了现在这个样子，我个人觉得这就是顺其自然。

企业属于大家

## 生意是公共的

除了上述两个原因，我的事业能发展到今天，我认为和我始终秉持的商业态度有关系。什么是我的商业态度呢？关于这个问题，我也做过自己的思考，我的答案是，无论在公司发展的早期，还是后来壮大到一定程度，在发展的各个阶段，我都怀抱着理想，而且始终不懈地向公司员工们宣传我的理想。直到今天，我的这个态度依然没有改变。公司里的年轻人正处于对工作充满热情的时期，向他们宣传我的理想，容易获得他们的理解，他们也愿意为工作勤奋学习，付出努力。

从事商业活动时，我相信诸位都会遇到类似的情况，就是有时候，事情并不完全按计划进行。例如无法收到已售商品的货款，或者最终得到的是意想不到的结果，等等。虽然多少存在一些差异，但没有公司能够避免这类事情的发生，这是我们无法避免的困境。松下电器也是如此，有时会遭受意外的损失，比如信赖的批发商破产等。

遇到这样的情况，我总是告诫自己，商业活动不是私人的事情。当初，公司规模还非常小的时候，公司由我个人经营，所以我可以按照我自己的想法运营公司。但是从那时起，我已经意识到，生意是公共事业，虽然我是以个人的名义经营公司，但工作本身是社会的。当时，我就有了这个模糊的想法。

因为有了这样的想法，如果公司出现意想不到的亏损，我一般不会认为这是公司受损，而是会觉得我没有把自己承担的公共事业做好。

## 开放的全员经营

即使在公司遇到困难的情况下，我也认为我的谈判是从公共事业的角度出发的，而不是基于个人的利益得失进行的。通过这样的想法，我获得了"清醒"与"力量"。

松下电器发展到今天，一直秉持的基本理念是，公司的工作和公司的商业活动，是公共的事业，不是私人的事务。基于这样的理念，松下电器坚持推行透明化的公开经营，在我们公司，一切都是开放的、透明的。

估计在座的诸位和我们的做法差不多。松下电器早在公司只有十来名员工的时候，就将财务报表对员工们公开了。我们每个月都会结账，并且让公司里的每一个员工都能看到，当月我们生产了多少，销售了多少，获利了多少……通过这样的形式，公司希望向员工传达"非常感谢大家辛勤工作，盼望大家下个月再接再厉"。

当然，如果是股份公司的话，公司必须公布财务报表。但是，私人经营企业的话，道理上讲是不必这样做的，只要能通过税务局的检查就可以了。但是，是否能够通过税务局的检查，在我这里是第二位的事情，我首先会向员工披露公司的真实经营状态。公司创立之初，不叫公司，叫作商店，所以当时也没有用"员工"这个词，而是用了"店员"一词，我把一切实情都告诉了店里的店员。从那时起，公司虽然是私人经营，但已经不是松下幸之助

# 第一章　松下电器发展的原因

个人经营了,而是大家共同经营。

后来,尽管公司逐渐成长,但这种开放的经营方式没有改变,并一直传承至今。如今,松下电器的员工们经常将"松下电器由全员经营"挂在嘴上,全员经营意识已经渗透到了每一位员工。这也是松下电器一路发展壮大的原因之一。

如果认为经营公司只是经营者的工作,或者公司是老板的私人所有物的话,那么经营者对员工说话就会有所顾虑。但是,松下电器不是私人经营,即使在公司创立初期,我也从来不认为公司经营是我一个人的事情。后来企业发展成为股份制公司,更可以被称为社会公器了。经营者只是在代为管理公司,因此,经营者和员工的立场是一样的,大家都需要平等地为公司的发展尽心尽力。如此一来,公司里的每一个个体,如果不为公司发展尽力的话,可能就会觉得过意不去。这样的共识成了公司的精神基因。

因为有了这样的理念,我对员工是毫无保留的,该说的都会说。从某些角度讲,有一些话是非常严厉的,但是员工们理解我的意思和用心,他们知道我没有讲什么特别不合理的话,因为大家都明白公司是公共事业,所以可能也就没有办法反对,反而能够理解经营者的用心。也因为有了这样的理念,我觉得整个公司凝聚成了一股强大的力量。

## 一年三十四万件提案

去年,松下电器的四万多名员工向公司提交了提案,针对公司的方方面面,大家给出了各种各样具有建设性的意见和建议,总数量达到了三十四万多件。最开始听到这个数字,我脱口而出"真的吗",部下向我保证"千真万确"。看着部下,我颇为感慨:"难得大家提出了这么多提案,但是处理这些提案也是个浩大的工程啊!"但是部下说:"没关系,很简单。我们先建立基层的十人小组,假设这个小组有三十个提案。因为十个人做的工作是一样的,他们互相非常了解,对工作本身也非常清楚。十个人当中设一个组长,组长接到提案，立刻就能判断提案是否有意义、有价值，然后将其中有价值的、好的提案汇报给上一级小组，上一级小组也按照这个程序进行判断和筛选。如此一来，三十多万件提案的审查也就没有那么费事儿了。"

大家看，就是这样一个处理过程。

事情还不止于此。三十四万是一个非常庞大的数字，我们把这些提案都记录了下来，其中有些可以成为发明，有的甚至后来获得了实用新型专利。另外，还有一些案例，虽然不属于工业产权，但是已经被公司采纳并且取得了成果。这一事实告诉我们，员工们都在努力工作，员工们都在尽力而为，大家都把公司的运营真正当作自己的事情来做了。由此，大家能看到松下电器的一个侧面。

## 不做"唯命是从"的经营

我平常会比较多地了解其他公司的情况，也听说很多公司会注重贯彻社长的指示。从一定程度上讲，这样的经营应该算作"唯命是从"的经营。这种经营依据的思想是，社长是非常了不起的领导者，因此，社长的指示一定要贯彻，员工们必须服从社长的指示。但是在松下电器，绝对没有这样的经营理念。换句话讲，我们不是"唯命是从"的公司。我们的员工都把松下电器的工作当作自己的事业在做，而且乐在其中。作为公司的经营者，我们轻易不会下达命令。

当然，制定运营方针的时候，作为经营者，我们会明确地给出方针，并且要求员工按照方针执行。但是，我们不会用命令的形式来强行要求员工服从，而是用润物细无声的方式自然渗透给员工，并且鼓励他们在方针的引领下，发挥各自不同的优势。因此，松下电器的员工们以公司为家，干得舒心，也干得愉快，我觉得这是松下电器能够成功的重要原因。

很多人认为松下电器是一家高度个人化的企业，松下幸之助处于最高位，独自经营。事实恰恰相反，这不是一个人的工作，我不是一个人经营这家企业的。其实，我自己从员工那里学习了很多，尤其是最近几年。

前些日子，我们在东京举办了松下电器的技术展览，展示了最新开发的五十多项技术，我这个会长也应邀参观了展览。展览会上，我听取了技术说明，但几乎听不懂，因为技术发展实在是太快了。这样快速的发展，不仅发生在我们行业，整个世界也是如此。现实是我们已经老了，即使听别人解释也听不懂了。

如今的技术发展太快，两三年就是一代，我的确是跟不上发展了，但是，从内心讲，我还是希望多明白一些，多了解一些。东京技术展览会上的展品都是最新开发的技术，还没有商品化。作为会长，我当然希望自己能够明白哪怕是30%，如此也可以聊以自慰。但是现实是，我几乎听不明白。当然，这些了不起的技术也显示出研发部门员工饱满的工作热情。我的内心既有失落，也有欣慰。

企业属于大家

## 畅所欲言的公司环境

由此也可以看出,以我现在的能力,不可能实施独自经营。目前松下电器的整体面貌是,公司的每一个个体分属不同的部门,每个部门有各自的领导者,或数人,或一人。各部门的工作汇集在一起,构成了松下电器的完整工作。

我可以肯定地说,松下电器"绝对没有"派系斗争,内部派系很少。一般而言,如果100个人聚集在一起,这100个人中总会有三四个派系。自民党是如此,社会党也是如此。各党派一直致力于派系的消除,报纸等也在不断批判派系的弊端。现在的政界,即便是派系内部的成员,也在有意识地思考消除派系的方法。但是我个人认为,很多人聚集在一起,一定会形成派系,这是人类社会的规律,也就是说,不形成派系是不可能的。

因此,承认派系的存在,协调好派系之间的关系才是关键。然而,目前大家的努力往往集中在消除派系之上,而派系又无法消除,于是这样的努力又往往无效。派系的存在本身并不是问题，关键在于需要认识到派系之间的对抗是没有意义的事情。

松下电器有四万多名员工，干部数量非常庞大，叫作"志同道合"也好，叫作"意气相投"也罢，拉帮结派的现象在所难免。但是，在松下电器，这样的现象很少，因为现实情况是不需要派系的存在。大家有想表达的，尽可以畅所欲言，根本不必搞派系之争。我的意见也可以畅通无阻地传达，因为没有阻碍意见传达的因素。

这就是目前松下电器的状态，我认为这个状态非常好。此外，是顾客的惠顾让这一切成为可能，我们必须谨记这一点。

## 国家和公司需要一面旗帜

为什么松下电器能够呈现这样的状态呢？具体而言，正如前面所说，在松下电器，没有"唯命是从"的公司文化，或者说，在松下电器，员工自己给自己下达命令，大家各自自由发挥，但是整体非常和谐。当然，这不是说公司里没有任何问题，而且公司自然也有一定的原则。况且，公司应该如何发展，社长和会长当然在考虑，而且社长和会长的长远规划，全体员工当然也都需要了解。

在今天的日本，如果政府能够明确国家的前进方向，国民一定会群策群力，朝着共同的方向奋进。但是，现在的日本没有任何"旗帜"，没有明确的方向。于是，国民也就不知所措，各自只是坚守自己的工作，国家向何处去却不得而知，因为那已经超出了个人能够把控的范围。

日本政府，或者作为一国领导人的首相，没有明确地给国民展现一个未来十年的发展计划或者发展目标，于是在大家眼里，国家的形象就变得非常模糊不清。

同样的道理也适用于公司，大多数员工能够了解公司领导者的想法以及公司今后的发展方向，对公司而言非常重要。为了让员工有清晰的认识，领导者必须指明公司发展方向，如果做不到的话，就会引发混乱，也会由此产生派系纷争。基于这个认识，我一直坚持认为，松下电器必须实时地公开告知员工，公司应该向何处发展，什么是正确的执行方法，什么是有效的策略。公司也的确是一直这样执行的。

伴随着这个过程，员工就会明白什么是公司的方针，并且朝着方针的目标推进工作，于是，公司的整体运营就会顺利进行。我认为能够准确地做到这一点的公司和无法做到的公司之间存在一定的差别，虽然我对此了解不多，但如果一家公司做得不好，可能就是因为社长没有提出明确的方针。这样的社长虽然工作非常努力，对员工的监督和鼓励也毫不松懈，但是却没有自己的理念，于是公司往往陷于亏损的境地。我认为有着明确的发展目标，并且鼓励员工朝着目标前进的公司，通常都会成功。

## 每年举办经营方针发布会

松下电器每年的1月10日都会公布本年度的经营方针，此外，每五年还会公布未来的五年规划。

企业属于大家

每年的 1 月 10 日，即便与周日重合，来自各地的公司管理层都会聚集在一起，召开一年一度的大会。近年来，参会人数已经突破了七千，如果加上子公司的高层管理人员的话，有七千七八百人。今年的 1 月 10 日，我们也照例召开了大会，这个大会我们已经持续办了很多年。会上，社长会向大家通报公司未来的经营方针，这个方针会贯穿整个年度。

"在进入新五十年之际，我们将继续践行创社精神，为世界繁荣做出贡献；我们将继续追求独创能力和实践能力，为世界的研发做出贡献；我们还将以爱与和谐的精神，创造积极、理想的企业文化。"

这是我们本年度的宣言。

去年，松下电器迎来了成立五十周年的纪念日，今年的 1 月 10 日是第五十一周年的纪念日，在大会上，社长首次公开发表了这个新五十年宣言，他还就这个宣言进行了详细解释和说明。作为会长，我也做了三十分钟的讲话，之后还有来自各部门和子公司的大约两个小时的回应讲演。每年的

## 第一章　松下电器发展的原因

年会大约都是这样的一个会议流程。

1964年,我们经历了一个经济严重不景气的年份,国家的经济停滞不前,我们的行业也面临着同样的境况。面对这样的形势,我决定扭转局面,找寻出路。我们开始了每月两次的高管研讨会,并且延续至今。在研讨会上,二百多名高管聚集在一起,探讨如何应对经济波动。我们用一个半小时来进行研讨,其中有一个四十五分钟的咖啡交流会。与会的二百多名高管,平常各忙各的,很少有机会面对面交换意见。但是在咖啡交流会上,大家可以直接交谈,交换意见。咖啡交流会后,大家重新聚在一起。这时候,如果有人想发言的话,就请他发言;如果没有的话,社长或者我本人会做四十五分钟左右的发言,主要谈公司如何应对当下的情况,或者如何改进具体的工作方法。

这样的研讨会已经持续了两年半左右。现在我们应对经济下行的方针和策略已经确定,我们认为一个月两次的学习已经没有太大必要,所以最近将研讨会改为了一个月一次。事实证明,这样的研讨会非常具有实质效果。我、社长,以及二百多名高管,大家在不同的地方工作。每月一次聚集在一起,有四十五分钟的时间,可以进行一些简洁的交流,是一件非常难得的事情。

## "完美"的人反而用不好人

我认为作为公司的领导者,当然需要一些吸引人的魅力,但是如果领导者太优秀、号召力太强大的话,反而容易什么事情都亲力亲为,这不是一件好事。松下电器与其说是在刻意回避这样的强势领导,不如说是没有可能执行这样的强势领导。如果我是一个能力很强的领导者,难免会有些盛气凌人,但不知是幸还是不幸,我自身没有那么了不起,所以遇事常与别人商量。因为我不强势,所以我讲的东西比较容易被大家理解和接受。我个人认为这一点非常重要。

有时候,会出现这样的情况:公司的社长非常了不起,但是公司的运营却不太顺利。我很纳闷。

## 第一章　松下电器发展的原因

深入调查之后我发现，其实公司内的每个人都非常害怕社长，会感到紧张不安。于是，大家都选择做那些不惹社长生气的事情。我自己的情况是，我不会用命令的语气发号施令，但是下属们都能够体察我的意思，并且按照我的想法行动，我觉得这样的方式至少在我这里是有效的。

遇到困难，公司的领导者一定要坚定而有智慧。但是，领导者必须有能力的同时，却不能是一个完人，因为看似完美的人实际上反而用不好人。当然，这并不绝对，我并不认为所有的情况都是这样。

松下电器与很多公司有业务往来。观察这些公司的领导者，我发现，那些我们认为比较好的领导者，他们的实际工作表现其实并不太好。有的不擅长发挥员工的能力，虽然公司有100人，却只能使出50人的劲；有的让员工无法亲近，员工虽然有竭尽全力的愿望，但因为害怕领导，也只得放慢脚步，做些不会挨批评的工作，无法充分发挥自己的潜力。相反，也有这样一些领导者，虽然大家普遍觉得他们不算优秀，但是公司在他们的经营下却发展得很好。这样的领导，往往把公司的事情当成自己的事情来做，公司的运营也就顺风顺水。如此看来，领导能力这件事情也是分等级的，等级的判断非常微妙。

## 什么是真正的勇气

公司也好，店铺也好，其经营是相当复杂且多样的。我们不能绝对地说哪种方法好，哪种方法不好。经营者必须根据各自的实际情况来思考自己应该采用何种工作方法。松下电器众多的关联企业的经营者教会了我这个道理，我自己感觉，与这么多经营伙伴的相处，促进了我的成长。

我认为，经营公司是需要勇气的。治理国家也一样，掌权者必须是有勇气之人。没有足够的勇气的人，不适合担当管理之职。那么，这是一种什么样的勇气呢？一般我们会说，这个人天生胆子大，有勇气；那个人天生性格软弱，缺乏勇气。然而，当我们谈到公司经营时，我觉得行事果断非常重要,这种勇气与天生的胆子大不是一个意思。

我相信,真正的勇气源自对"正确事物"的判断。即使一个人缺乏勇气,度量小,或者意志薄弱,但当他明白为了公司,为了员工,为了客户,什么是必须干的,什么是不能干的,这种时候他也会产生勇气。这样的勇气会带来真正的勇敢,能够成就事业。

当需要进行公司改革时,如果这个改革是为了我自己,我一定没有勇气执行,但是,如果这个改革是为了公司,为了员工,或者再往大处看,是为了社会,而不得不做的事情,我就一定会充满勇气地实施。也就是说,我认为如果不根植于利他,真正的勇气是无法涌现的。

虽然人生而勇气不同,有的人勇敢,有的人懦弱,但是仅凭天生的勇气是不够的,充其量也只是匹夫之勇。我认为,从更广阔的角度为群体着想,思考什么是真正应该做的,这样的思考带来的勇气是极其强大的。因此,如果将目光放置在为群体着想的高度,无论是什么样的首相,都会迸发出巨大的勇气。但是现实是，如今的人不具有这样的眼光，也就没能表现出足够的勇气，于是也就一事无成。

公司的管理也是同样的道理。

## 从大局出发的改革

很抱歉又开始讲我个人的事情。1964年，我曾经一度代理过公司营业部长的职务。当时，营业部长因病不能履职，所以不得不由其他人来代理工作。那个时候，我们正处于严重的经济衰退期。我们行业的一些制造商在半年内已经用掉了一半的企业注册资金，相当一部分公司虽然貌似没有亏损，但实际结算时是赤字状态。松下电器当时实现了150亿日元的年利润，虽然没能实现增长，但基本持平，没有出现明显下滑的情况，因此也还不是特别需要焦虑的时候。但是下级代理店遇到了不少麻烦，于是我决定做半年的代理营业部长。

当时我们做了相当大的改革，大到几乎不太可

第一章 松下电器发展的原因

能的地步。如果不改革的话，几乎所有的代理店都有可能破产。于是，我向所有的代理店发出了呼吁，因为我需要他们做出决定。随后，一般被认为不可能的事情发生了，所有的代理店都参与了改革。

我们的改革非常大胆。我并不是一个有勇气的人，但因为认识到如果不大胆实施改革的话，代理店都会出问题，进而松下电器也会面临困境，于是我向所有的代理店经营者提出了我们的改革方案。站在他们的角度讲，当时我们的方案里有很多条件是他们不易接受的，但是我仍然强调，为了大家共同的利益，这些都是不得不做的事情，并且坚定地执行了。时至今日，代理店经营者都表示他们非常感谢当时的改革举措。

松下电器不出现亏损当然是我们的目标，但是我还是决定放弃三年的利润。当时松下电器的年度利润是150亿日元，三年的话就是450亿日元。与此同时，我向代理店明确表示，要求他们改变策略。我对他们说："虽然你们的努力给自己带来了利润，但这样还不够，我们必须让所有人都能赚到钱,为此你们应该……"我的呼吁非常有力,因为改革的目标是要超越单个的代理店或公司,让全体相关者顺利发展。正因为如此,他们都接受了我的建议。我们的改革非常成功,取得了可喜的成果。

## 政治家应该具备卓越的判断力

相信大家都有过类似的经验。作为企业经营者,我们有时会遇到非常棘手的问题,这种时候,如果以自己为中心的话,往往会非常困惑,无法做出决断。然而,如果暂时放下自己的想法,把注意力放在整体利益上的话,就可能意识到什么才是最应该做的。如果我们能够坚定地做出抉择的话,我认为将会出现一些非常强大的力量。

这意味着坚持正义,只有站在正义的立场上,才能找到真正的勇气,否则,勇气就不会诞生。有些人天生就具有蛮勇,但我觉得他们不会有什么成就。

第一章　松下电器发展的原因

　　出于这样的思考，我认为现在的日本在政治上有许多需要改革的地方。目前，日本虽然已经做得很不错了，但是从政治的角度来看，还有很多问题需要改进。但是，这些问题的改进相当缓慢。例如，关于都道府县制的问题，有人提出应废县置州，实行广域行政，但是一直无法实现。然而，如果我们相信，不这样实行的话，就无法实现国民的长久幸福，那么无论面对什么样的反对势力，我们都会去努力说服对方。反过来讲，如果缺乏这样的认识，当然也就绝对没有实施的可能性。

　　我认为政治家必须具备卓越的判断力，必须决定什么是应该做的，什么是不应该做的，"做正确的事情"就是判断标准。仅仅基于职业意识，无法做正确的判断，这不是政治职业范畴的事情。突破政治职业的范畴，上升至国家治理高度思考问题的话，只要有利于国民的幸福，有利于国家的长远发展，无论什么人反对，无论有什么样的障碍，都会有勇气去突破。然而目前的现实是，连一个飞机场的建设都无法顺利进行。

正如大家所熟知的，去东京的时候，飞机无法直接在羽田机场降落，必须在空中排队，盘旋10至20分钟。机场已经处于饱和状态，目前迫切需要建设新的机场，但是一直无法实现。一个机场的建设尚且无法确定，废县置州这样大的行动更是没有实施的可能。虽然遗憾，但这是目前日本的国家状态。

虽然还有很多想法想跟大家分享，但由于时间有限，我先讲到这里，感谢大家的聆听。

有恒俱乐部经营恳谈会

1969年10月29日

于松下电器 中央研究所讲堂（大阪）

# 第二章 企业与社会

・企业原本是全体国民共有的，然而，为了提高企业经营效率，企业被允许以私营的形式存在。为了方便，为了管理的有效性，我们这些企业经营者被选择和任命为企业的法定经营者。理解这一点非常重要。

・如何利用电子计算机创造美好的社会，取决于人类的智慧。如果人类的智慧本身有问题，我相信我们使用计算机越多，社会反而会变得越糟糕。

・如果我们能够意识到企业的存在是为了实现更好的生产、更好的消费和改善公共生活，那么我们也许能够明白企业应该怎样。

刚才吉村先生[①]谈到了目前的污染问题，从企业的角度考虑，我们认为也非常有借鉴意义，非常受教。

给我的演讲主题是"企业与社会"，这是一个有些难度的主题。这样的主题我觉得应该请经济学家或者社会学家来讲，但是，我还是想在这里谈一谈我的理解。

## 企业属于国家

对于企业而言，我认为我们都需要有一个清晰的判断，那就是，企业到底是属于谁的。

企业是属于我们自己的吗？还是说，企业属于国家，是公有的呢？现代社会允许个人拥有私有财产，与此类似，为了更有效地管理公司，为了提高运营效率，从方便的角度考虑，社会允许企业以私有的形式运营。不知道我的这个解释说清楚

---

① 吉村清三，时任关西电力公司的社长。

了没有？

根据今天一般的观念和法律规定，企业是私人个体或者私人群体的所有物，企业主根据常识或者法律规定管理企业的业务。这是现在一般的状态。

我们当然理解，在自由资本主义的形式下，这是不可避免的。但是，这是问题的全部吗？我们是否可以再做进一步思考呢？就如同群体生活有利于发展一样，企业这种形式对发展也非常有利，而且高效。因此，自由资本主义认可私有企业这种形式的存在。然而，究其根本，企业还是属于国家和国民的。我认为我们应该站在这个立场上进行思考。

我们应该认识到，企业不属于企业自身，企业本来是属于全体国民的。然而，为了取得更好的企业经营效果，社会允许企业以私营的形式存在。为了方便，为了管理的有效性，我们这些企业经营者被选择和任命为企业的法定经营者。我认为理解这一点非常重要。

就日本而言，人们对于企业的认识自明治时期

## 第二章 企业与社会

开始发生了变化,第二次世界大战之后,又经历了新的变化。可以肯定的是,在德川时代,企业完全是企业主的私有物,是个人属性,而且完全是按照这个属性进行经营的。

然而,从明治时期起,企业开始从公众那里筹集大量资金,逐渐转变为股份制公司,因此,企业也就不再单纯属于个人。当然,仍然存在一些私营企业,但股份制是趋势。因此,企业不仅仅属于个体,它也属于全体股东,于是,企业开始服务于社会,为实现国家的共同发展,为促进国民福祉而做出贡献。发展到今天,我认为仅仅有这样的认识还是不够的,我觉得我们更有必要树立的理念是,企业是国家的,是全体国民的。

当我们意识到企业不是自己的,那么它就会变得非常重要。"企业属于大家。企业的经营者只是因为能力得到了认可,才被委以重任,管理企业的。因此经营者必须珍视企业。"经营者出于对企业负责的态度可能会这样想。但是,这还不够,经营者更应该认识到,"企业的存在是为了全体国民,因此必须认真经营"。基于这样的思考，经营者在经营企业时自然会不同于之前。

## 五十年前的领悟

关于这个认识，目前大家是否能够清晰地理解，还是一个未知数。或者说，我觉得大家还没有清楚地认识到这一点，我认为这就是出现各种问题的原因。社会上对企业有各种各样的批评，究其原因，我认为还是民众、政府及企业自身，对这个问题的看法不够明确。

以往的认知暂且不论，至少从现在开始，每个企业都要为国家负责，企业属于全体国民，是大家的共有财产和共有事业。我们这些经营者必须好好爱护企业。我们必须考虑到，企业发展与否，将决定国民的福祉是否能够得到改善。有了这样的认识，我们就能够焕发出非常大的力量。不仅企业经营者，我认为广大的民众也需要有这样的认识。

## 第二章　企业与社会

这个想法我不是现在才有的,产生这个想法有一个重要的契机。大约在1922年,当时我的公司还是一家个体经营的公司,规模非常小。那个时候,税务局对城里的小工厂每年征税一次。税务局的官员会前往附近的寺庙,到达寺庙后,他们会聚集附近小工厂和商店的业主,然后询问大家:"你们去年赚了多少钱,都写一下。"于是,大家纷纷写下自己的收益,"去年我赚了200日元""去年我赚了300日元"。我也和大家一样,会写出来赚了多少钱。因为他们到附近的寺院来工作,对我们而言倒也很方便。

之后我赚的钱越来越多,当我从"赚了1500日元""赚了2500日元"到"赚了5000日元"的时候,税务局的官员开始注意到我,"你家挣得不少啊,我们得去检查检查"。

如果当时我还只写1500日元的话,他们就不会来检查了,可是因为我老老实实地报了增长,于是税务局觉得我赚得多,反而要来检查我了。我不由得想:"这可麻烦了,早知道如此,我还不如按原来的写呢。"这只能是后话了。

随后税务局果然来调查了。一调查就发现，虽然我自认为老老实实申报了利润，但双方的意见存在分歧，利润比5000日元多。这下我晚上睡不着了，我想坏了，不知道会被收走多少税金呢，一连两个晚上都担心得夜不能寐。

然而转念一想，我突然意识到，我的烦恼正缘于此，我觉得这些钱是我自己辛苦工作赚来的。但是，这些钱原本是属于国家的。当时在日本，所有的东西都是属于国家的，所有的土地是如此，所有的财产也是如此，只是在形式上，为了方便，认可了私人所有。因此，国家无论采取什么措施，无论收取多少，都不是我能决定的，也不必为此烦恼。这样一想，我反而有了新思路。

## 企业是国家交给你代为经营的

第三天，税务局又来调查的时候，我已经很放松了。我对税务官员讲："你们尽管收税好了，我仔细想了想,也想通了,这些钱不属于我。从形式上看,这是我用劳动赚的,但实际上,这些都是属于国家的,所以尽管收税吧。"我表明了这样的态度之后,特别奇怪的是,税务官员反而说:"你不需要做那么多。"事情进展得很顺利。当时我真正的感受是,当我想要都抓住的时候,不但做不到,而且特别辛苦,但是当我决定都放手的时候,反而特别轻松。

这件事给我的启发很大,之后,我用这样的想法经营公司近五十年,并且一直秉持开放的经营方式和透明的纳税方式。此外,我也根本不担心关联企业的税收问题。既然我们掌管的是国家的东西,我们就应该乐意将其交出。此外,即便是税务局,他们也有固定的税率,他们不会向不赢利的公司或个人收取税金,也不会收取高于规定金额的税金。所以,这五十年里,我几乎没有考虑过税金的问题。五十年前的那次经历,在最开始的时候,我的确认为是一件大事,越查事情越多,以致我夜不能寐。但是到了第二天晚上,我开始意识到,这种事情我再担心也无济于事，明白了这个道理，我反而非常轻松了。

我的这种经验，在第二次世界大战后同样发挥了作用。当我认为企业属于我自己，或者属于股东时，就一定会出现问题；但是当我认为企业属于国家，我们不过是代为经营时，心情就非常轻松，也不会出太大的问题。公司走到今天，我一直秉持的都是这样的想法。

如今，企业与社会的关系出现了越来越多的问题，而日本并不是唯一一个面临这些问题的国家，在自由资本主义国家，这个兆头非常明显。对此，我认为我们作为企业主，尤其需要树立一个明确的理念或者关于企业的认知。

我提供的这个企业认知，诸位觉得如何呢？我认为如果能够这样理解企业的话，我们会焕发出非常大的力量，而且，我认为广大的民众也应该有这样的认知。这只是我的一家之言，不知对否，还请赐教。

## 美国经济疲软、物价高企

此外,最近我强烈感受到的一点是,日本和美国的关系非常密切,两国有着非常密切的经济关系。众所周知,日本能有今天的发展,很大程度上要归功于美国。近些年,美国出现了一些经济问题,不同的人对其原因有不同的看法。但是,无论如何,美国当前诸多问题缠身,这是不争的事实。我认为中心问题是经济问题。

目前美国的物价在上涨,而且涨得相当严重。二十年前,我第一次去美国。当时的日本刚刚战败,一片狼藉。与之相反,当时的美国非常富裕,所以当我到达美国后,自然非常惊讶,因为两边有着天壤之别。

当时有一件事情对我触动非常大。有一家叫作联合碳化物的公司,它旗下的子公司生产干电池。在百货公司,他们的干电池售价是 15 美分。于是,我亲自去那家公司拜访,询问他们从什么时候开始售价 15 美分的,他们告诉我,三十年前就是 15 美分了，这个价格三十年一直没有改变过。这个答案让我非常吃惊。我之所以吃惊，是因为三十年间，发生过非常大的事情，当时正值全球大萧条时期，随后爆发第二次世界大战，美国也参加了大战，它的物资消耗是非常巨大的。

经历了这样的大战，物资的消耗应该是非常迅速的，但是，他们的干电池价格却保持三十年不变，始终是15美分。当听到这个事实时，我意识到美国经济底蕴非常深厚，的确是一个非常强大的国家。一般而言，历史上，无论哪个国家，在经历哪怕是局部战争时，物价都会上涨，战争结束后，物价才开始回落，这可以称作历史的经验。然而，美国经历了第二次世界大战，其公司的产品却能做到价格三十年不变，这一事实足以说明该国经济的稳定程度。

这个曾经让我非常惊讶的美国，直到十年前，物价几乎没有什么波动，即便有变化，也不会超过年度1%，一直非常稳定。但是近十年来的美国，物价开始逐渐上涨，特别是近两三年，物价上涨了

4%~5%，我觉得这相当不寻常。

哪怕在战争期间，美国的物价也始终保持平稳。就单种商品来看，价格既不涨也不降，相当稳定。战后十五年间，美国的物价始终平稳，基本没有太大的变化。但是最近十年，尤其是近三年里，美国的物价一直在上涨，这就是今天的美国。

美国不仅物价在上涨，经济也陷入了衰退，这是过去没有过的景象。不但经济学中不存在，在实际经济现象中也不存在。经济衰退时，物价通常会下降，这是一般的经济的规律，但是现在事实与之相反。美国经济不景气但是物价在上涨，利息从3%上涨到了6%、7%，这是非常棘手的现状。问题不仅是物价上涨，社会秩序也在逐渐恶化，犯罪率在逐渐上升，社会动荡加剧，失业人数也在不断增加。

## 电子计算机的影响

在过去的十年里，美国发生了很多事情，无论是国家还是经济界。其中的一个突出事件，就是电子计算机使用数量的不断增加。众所周知，十年前，美国已经开始比较广泛地使用电子计算机了，近十年来，计算机的应用数量更是增加了十倍，性能也提高了数倍。今天的美国，它的政治和经济运行，对电子计算机的依赖度非常高。

电子计算机是非常经济实惠的工具，而且准确性非常高，它能够帮助人类节约大量的时间。但是，美国社会在十年前相当稳定，现在却越来越不稳定了，而且物价不断上涨，失业人数不断增加，企业的利润也在逐渐减少。

大量使用高效工具，结果却适得其反。这样的情况，实在令人费解。

我希望大家都能思考一下美国这个现象，也希望听到大家的意见。电子计算机能将计算的速度、精准度提升一百倍，并且有能力将各种因素都考虑在内。最近十年，电子计算机的应用越来越广泛，可以说，当今社会的运转已经离不开计算机。其结果却是，越来越多不理想的状态开始出现。如此想来，电子计算机实在不是一个能让人欣然接受的事物。

但是现实是，现在越来越多的人开始使用计算机了。我们公司也在大量使用，的确非常高效。因此大家都认为，公司应该越来越多地利用计算机，而且也在不断地推进此事。

在美国，他们的计算机使用量是我们的十多倍，他们的计算机性能也优于我们数倍，综合来看计算机给美国带来了高于日本三十倍，甚至七十倍的产出。尽管如此，美国的社会状况却在恶化。造成这种情况的原因是多方面的，比如越南问题，还有种族问题，这类问题都产生了影响。然而，种族问题早在十年前就已经存在了，当时虽然不存在越南问题，但是更早些时候爆发过两场世界大战。在两场世界大战中，美国赌上国运参加了战争，但并没有受到太大的冲击。

越南战争虽然需要物资的支撑，但从美国的实力来看，这不是问题。与第二次世界大战相比较，越南战争是一个小得不能再小的问题。世界各地有各种各样批判美国的声音,比大战期间的声音还要大些,虽然其实大战期间的物资消耗更大。即使考虑到越南战争造成的伤亡人数,其实那也不是一个非常大的数字,日本一年因交通事故死伤的人数其实更多。

## 用好电子计算机需要智慧

于是我们不得不进一步思考,今天美国的经济状况和社会的日益不安定到底是什么原因引起的呢?我认为有两个原因是值得提及的,一个是计算机使用方法的问题,这个问题常被提到,就是我们对电子计算机的使用与其他的手段之间的不协调问题;另一个是政治姿态的问题,即美国的政治哲学,或者更确切地讲是国家的管理哲学不清晰,不明了。

这里,我们暂且把政治哲学的问题放到一边,先来思考一下电子计算机的问题。上面我已经提到,电子计算机是非常高效的,而且非常精确,所以我们今后还会继续使用它,用它来为社会服务。当然我不认为计算机能解决所有的问题。我相信,如何有效地使用计算机,如何利用计算机来创造一个积极的社会,取决于人类的智慧。如果人类的智慧不够,我相信计算机使用得越多,对社会的效果反而越不好。

我想举一个我们公司的例子。目前,我们已经停止在公司的营业所使用计算机了。五年前,我们的每个营业所都在使用计算机,大家觉得非常方便。前一天的营业额等数据第二天就可以送到销售总部,销售总部的部长立刻能够掌握前一天的销售情况。

为此,公司得付出高昂的代价。一台电子计算机的租赁费每个月需要104万日元,加上操作的人工费,每个营业所每个月必须为此支付120万日元的费用。当然,运营起来还是有它的便利性的。

但是,后来我决定放弃使用计算机。当时为了应对经济不景气,我决定做一些公司内部的改革。经过调查,我发现营业所都在使用计算机,于是我问营业所使用电子计算机都有什么效果,他们的回答是:"可以及时掌握前一天的营业额。"这样的效果确实是存在的,问题是,这对我们而言是必要的吗?

每天早上,在营业部长的桌上放好前一天的销售数据。营业部长看过销售数据后当即做出下一步的安排。如果是这种情况,那计算机是必要的,但是松下电器并没有采用这样的经营方式。于是我对部下讲:"像以前一样,我们只需要知道每周的销售额就足够了,不需要掌握每天的销售额。如果确实需要掌握每天的销售数据,否则没办法开展工作的话,那当然有必要使用计算机,但我们没有这样的需求。"这之后,我们的二十多个营业所都停止了电子计算机的使用,也节省了这一部分的费用。

## 新想法带来新办法

之后,我决定以此为契机,做一个新的尝试。

停止使用计算机后，每个营业所每月可以节省120万日元的费用。我想做的尝试就是只用这笔费用运营一个营业所。人这种动物实在是有些不可思议呢。

停止使用计算机，每个月可以节约120万日元，这当然是件特别好的事情。由此我产生的新想法是，能否用这笔费用来经营一家营业所呢？再进一步思考，我发现方法是有的，就是让营业所停止销售和处理任何产品。在此之前，我们的产品都是从制造部门通过营业所销售给分销商的，如果我们把制造部门和分销商直接连接的话，就不需要经过营业所了，营业所可以从侧面为销售提供支持。这样的话，就有可能用停止使用计算机后节省的费用经营一个营业所了，于是我决定尝试一下。

经过尝试，我们基本达到了目标。现在我们只需要花费原来四分之一的费用，就可以运营营业所。结余的费用，我们可以用于提高产品质量，可以通过各种服务回馈给我们的用户，也可以返还一部分给代理商和零售商。事实证明，这个尝试非常成功。

这只是我个人的一个经验,总之,我认为计算机的使用应该依靠人的智慧来判断,应该使用的地方当然要使用,不需要的地方就果断不用。

今天的美国,基本上是依靠计算机在运营。从理论上讲,美国社会应该变得越来越好才对,事实上,有些地方确实是变得更好了,但综合来看,效果并不明显,反而是社会问题越来越多了。我认为其中一半的原因,是没能用好计算机。

## 日本特色的经营

如果就具体情况而言,计算机的使用的确有提高效率的时候,也有提高正确率的时候,确实能够产生一定的经济效应。然而,如果从整个国家的角度考虑的话,无论是从社会管理的角度,还是从政治哲学的角度,重要的是必须把握一个尺度,该用的地方要用,不该用的地方不能用。我认为这是解决问题的关键。

关于这一点,我们来看看日本走过的路。迄今为止,日本一直在追随美国的脚步。到目前为止,美国一直是世界第一强国,无论是经济,还是其他领域,都非常先进,非常值得日本学习。

但是,发展到今天,日本再亦步亦趋地追随美国的话,我认为可能就有问题了。今天的日本到了必须考虑具有自己特色经营的时候了,既包括公司的经营,也包括国家的经营。我认为这个时期已经到了。

我们不能只满足于遵循美国的各项方针,我们需要思考日本自己的方法和手段,自己的经营原则。

现在的美国,物价不断上涨,生产率却没有提高。现在的日本虽然物价也在上涨,但是生产率的提高已经超过了物价的上涨。到目前为止,日本做得还不错,但今后是否能有同样的表现,现在还未可知。

因此,无论是在经营方面还是在劳资关系方面,我们都需要以全新的理念来激发出新的活力,我认为是时候考虑放弃模仿了。如果这样的思考成立的话，那么上面所提到的国家经营原则和理念的模糊不清，就是必须解决的事情了。如果我们进而思考，到底为什么会出现这样的问题，答案有可能是，自由资本主义本身就是问题的源头。

## 放任自由资本主义的结果

众所周知，美国二百年前才建国，当时的美国在物质方面并不富裕。我们能够想象，当时的建国者们是怀抱着建设繁荣美国理想的。从那时候起，美国人不断奋斗到今天。他们手里有两个方法，一个是自由资本主义，一个是民主主义。时至今日，他们做得非常成功。

伴随着成功，美国出现了过度竞争和资本巨头。出现这样的局面非常自然。处于供给不足、物资匮乏状态的社会和国家，必然会将自由资本主义发挥到极致。人们不断地竞争，用自己的智慧和聪明才智创造繁荣。战争结束后的日本也是这个样子。然而，一旦繁荣达到一定程度，这样的状态还会继续维系吗？我认为这个时候就需要改变了。

美国将自由资本主义发挥到了极致，并持续进行着一场又一场的过度竞争。其结果是，获得了繁荣的同时，也催生了资本巨头和寡头垄断企业。今天，这样的局面正在变成一场灾难。

日本的食品管理制度也是这样。起初，国家希望大家种植水稻，认为种植水稻的农民必须受到保护、鼓励和奖赏，于是他们大力鼓励农民种植水稻，并加以保护。在这样的激励政策下，农民开始大力种植水稻，而且增产成功。但是，随之而来的是水稻产量过剩，反而对国民经济产生了负面影响。同样，自由资本主义将特质发挥到极致，不断累加着各类竞争。如果我们也继续这样发展下去的话，我认为类似美国的急速转变将发生在我们身边，这是非常可怕的。

当然，日本在这方面仍然存在着一些本质的差异。在美国，企业间的合并整合是基于以利润为中心的价值判断的，有些企业以此为业赚钱。例如，一些非常优质的公司，每年可能派发高达20%的股息。对于这么好的公司，可能会有大公司直接表示："下次我们也会派发高比例股息来和你们竞争。其实，我们的目的不是竞争，而是希望你们把公司卖给我们。我们会出高于你们市值的价格。"面对这样的出售建议，日本的企业有可能拒绝，但是美国企业会更倾向于接受。

在日本，收购一家赢利的公司非常困难，即使多少有些亏损，对方也会说"这是祖辈留下来的公司，是父母托付给我的，所以我不能卖"，或者说"这是我创办的公司，所以不能卖"，等等，总之是不肯出售的。因此，合并是非常困难的。美国的公司会痛快很多，基本上按照利益判断，该卖则卖。这是美日两国不同的地方。

因此，从日本的角度来看，在美国进行收购和兼并是相对容易的，但在日本其实很难做到。虽然对这件事情无法简单地做好坏的判断，但我还是认为其中包含着日本这个社会的一些优点。

如果在日本也像美国一样，多少有些盈利的公司被利益核算之后卖给大公司的话，那么理所当然的结果是，相关市场很快会被整合，公司的数量会减少。我认为如此一来，就会对方方面面产生负面影响。因此，我还是觉得日本有必要培养健康的中小企业，并考虑清楚如何共同生存这一本质问题。

## 有益于公共生活的生产与消费

企业的存在价值是什么？我认为企业是为了创造更理想的公共生活而存在的，它的价值也正在于此。更进一步讲的话，我认为政治的意义也在于此。政治是为什么而存在的呢？是因为我们需要它来让我们的公共生活过得更好。此外，学术、艺术等也都是为这个目标服务的，这是唯一的意义所在。

让我们再来思考一下生产和消费的意义。生产和消费又是为什么存在的呢？所有的动物都有生产和消费的行为，这是出于动物本能的。动物的生产和消费行为是没有进步的。在过去的一万年里，除了人类，其他动物的生产和消费一直都没有什么变化。

然而，人类并非如此。人类不但会进行生产和消费，而且始终在考虑如何改善生产和消费。人类之所以能进行这样的尝试和努力，是因为人类具有这样的能力。我认为这是人类的本质所在。

人类为了实现更好的公共生活，不断改善生产和消费。生产和消费的改善，可以进一步促进公共生活的提高，我认为这是一切问题的基础。为了改善公共生活，国家有了存在的必要，政治的意义也就显现出来了。我们还可以说，教育和艺术的意义也在于此。但是我认为，这样的思考在当今没有得到足够的重视。有一个词叫作"本末倒置"，我认为现在的状态就是本末倒置。

虽然有的时候，我们会使用"尊重人类"等表述，但这个表述本身也有些荒诞，因为尊重人类原本就是理所当然的事情。原本一切就是围绕着人类存在的。围绕着人类存在，就意味着它们的存在是为人类创造更好的生活和更好的社会而服务的，一切事物的意义也在于此。

阿波罗14号已经登上了月球，这类科学成果，也应该是为促进更好的生产和更好的消费服务的。所有这些事情的相互关联和因果都是为这个目的服务的，阿波罗的登月必须具有现实意义，否则，就变成了没有意义的事情。

我们办企业，更是直接作用于改善生产与消费，这也是企业存在的意义。有了这样的认识，企业应该如何运营也就有了答案。更进一步讲，我们是不是可以说，每一个人都可以称作企业人呢？如果可以这样讲的话，那么我们还可以说，家庭生活和企业运营是一样的。

## 企业属于大家

按照上面的说法，每一个人都在参与企业经营。把概念扩大到这个程度是否合适呢？我个人认为没有什么问题。以住友金属公司为例，"因为企业属于每一个人，所以住友金属公司是一家属于所有人的企业。因为住友的企业经营者工作合格，所以大家才把公司托付给他们，如果不合格的话，大家就会要求换人"。我认为这是全体国民的意愿。

我们有责任回应这个愿望，为此我们自然会进行自我审视，我们应该思考自己是否适合代为管理这个企业。我自己经常会思考这个问题，而且也一直做着心理准备，如何不合格的话，随时准备辞职。

当然，很长时间以来，大家都认为企业属于企业主个人。放下这个想法并不是一件容易的事情。当我说企业属于全体国民时，会有强烈的质疑声："哪儿有这样的事情！这不过是你们为了方便赚钱想出来的说辞而已！"但是，这的确是我的真实想法，五十年前我就这样认为了，正如前面我曾提到的，"纳税问题"出现后，我当时就产生了这样的想法。

这些年来，我观察到几乎无论哪家公司、哪家商店，都在为纳税的问题烦恼。但是，松下电器秉持的态度是，"不为纳税的问题烦恼，这种烦恼没有意义，是精力的浪费。税务局会根据公司的利润额按规定收税,所以完全不必考虑税金的问题。比起税金问题,更重要的是企业经营本身"。

况且,"企业属于大家,即便是不大的企业,即便是个体经营的企业,也是替公众经营的公共的事业。因此,经营者在制定商品价格时,也得遵守这个理念。如果是自己个人事业的话,遇到自己喜欢的顾客,免费赠送、半价出售,甚至赔本出售,都没有问题,因为是自己的买卖,不需要在意别人的看法。但是,事实不是这样,企业是属于全体国民的,经营者不过是在代为经营,必须公平公正地认真经营。因此,经营者需要具备保证利润的理念,不能简单地按照经营者的主观愿望经营"。我认为这也应该是企业的指导理念。

就目前而言,无论是企业经营者还是国民,对这个理念都还没有足够的认识,因为大家既往的看法不是这样的。政府也没有这样的认识,依然是按照既有的理念,认为企业是私有的,其存在目的就是赢利。

在德川时代,人们普遍认为企业属于个人。进入明治时代之后，世人的观念发生了改变；第二次世界大战之后，又发生了彻底的变化。战后，"私有"的企业理念已经变得不合时宜。但是，现在的问题是，到底有多少人能够拥有这样的想法呢？

为了拥有这样的想法，我们需要更多地考虑公共生活和公共生活的本质，然后，从公共生活的本质出发，来思考所有的问题。如果企业有社会使命的话，我认为就要立足于公共生活的改善，并且为了实现这个目标，不断改进企业的生产和社会的消费。我认为，企业不分大小，其使命都在于此。今后我们思考问题时应坚持从这一基本认识出发。

## 基于新型人类观的第二次文艺复兴

基于以上的思考，我认为今天的我们面临着第二次文艺复兴，或者说，第二次文艺复兴的时代已经到来，社会的各个层面，都在呼唤新型人类观的出现。企业同样面临着这样的一个新时代，我们已经不能用既有的观念来看待企业了。我们需要树立

第二章 企业与社会

新的人类观和社会观，然后在此基础上树立新型企业形象。我们已经看到了自由资本主义之下美国的发展，也看过了第二次世界大战后日本经济的发展，二者都取得了相当好的效果。但是，发展到今天，这个单一路径已经不够用了，我们已经走进了一个死胡同。新的可能性我们暂且叫作第三思想吧，这个第三思想是我们需要的新型路径，它既包括新的见解，又包括新型人类观。时代要求我们树立这些新观念。

这里我想举个例子。一百多年前，前人运用他们那个时代的智慧和努力，加上当时的资金，开通了苏伊士运河①，为世界上很多地区和人民带去了经济福祉。一百年后的今天，尽管文化和文明进步了，但运河却被关闭了。关闭运河当然有各种理由，但从结果来看，就是关闭了。虽然文化和文明都在进步，但是一百年前人们付出的辛苦和努

---

① 1869年，苏伊士运河通航。1967年6月因中东战争而关闭，直至1975年才再次开放。

力，到了一百年后的我们这里，却没有得到有效的利用。事实上，这样的事情正在一而再，再而三地发生。

究其原因，我认为是我们的人类观，即对人类的认识和看法没有与时俱进。科学在不断进步，文明的发展也非常迅速，但是我们始终秉持的还是旧有的人类观。因此，我们在不断地重复着错误。我认为无论大家如何努力、社会如何进步，如果人类观不改变的话，我们将难以获得更好的结果。

单一的知识进步，反而会引发新的问题。因此，我认为有必要开展第二次文艺复兴。上一次文艺复兴，解决的是人类复兴的问题。伴随着文艺复兴，人们在很多方面有了创新，但基本的人类观并没有改变。这一次，我们需要重新认识人类，基于新型人类观开展第二次文艺复兴。

我没读过几本哲学或者经济学的著作，这个判断完全基于我过去五十年的经营经验，所以可能会有矛盾或者不太符合逻辑的地方，但我是这么感觉的。

长久以来，我们关于人类的认识就没有改变过，但是知识技术却在不断进步，这是有问题的，至少我是这样认为的。换句话讲，知识在进步，人类观却没有改变，这是问题出现的原因。知识越进步，越容易出现问题。在近两千年的历史中，最近一百年的文化进步最大，但正是在这一百年里，人类社会面临了前所未有的困难。

## 利益是相互的

社会和企业是一体的。社会和企业的一体性虽然非常强，但是能认识到这一点的人却并不多，于是才会产生社会与企业关系的讨论。

我认为这个问题非常值得讨论，或者说，这是一个必须广泛讨论的问题。如果什么时候这个问题不再需要讨论的话，我认为那就是一个相当理想的社会了。因为那个时候，社会和企业之间的联系已经更加紧密，信赖感也更强了。目前的现实是，社会和企业相互不信任。对社会而言，企业是一个相当特别的存在，我们经常听到的说法是，企业如何才能更好地融入社会，如何才能更好地服务于社会。但是我认为，这种疑问没有触及问题的本质。从本质上讲，社会和企业是一体的，也就是说，全体国民在各个地方集体创建了公司，并雇用有资格的人来经营公司。公司被允许存在的基础是，公司努力获取成果，而这些成果将会得到适当的分配。企业自己首先需要这样的思考，其次我希望政府和国民也能有这样的思考，如果传统观点使得政府和国民无法这样思考的话，企业有责任明确地把这样的概念宣传出来。

我认为，大家的利益是互通的。假设邻居赚了大钱，如果这个钱来路不正的话，当然是不对的；如果来路正当，而自己家没能挣到钱的话，我们有可能会觉得不舒服。但是，如果仔细想一想的话，会发现其实利益是互通的，是流动的，转来转去，总归会转到自己这里。当然，能这样想并不容易，但是我们可以努力尝试。如果我们都能这样想的话，我相信一个更加理想的社会一定会诞生。

"你的利益会变成我的利益","我的利益终究会转化为你的利益",能否说出这样的话是问题的关键,哪怕只是比过去多说一点,企业与社会的相互信赖感也会增加一分。而且,不仅限于一个国家之内,我认为从全球的角度来看也是如此。当前,以美国经济为中心的全球经济动荡,对日本也造成了各种负面影响,就是这个道理。

## 为什么不能过度竞争

当前,国家之间存在过度竞争。我最近去美国参加了一个CIOS会议[①],并发表了演讲。我在演讲中提到"过度竞争是一种犯罪",并且给出了一些案例。

国家间进行过度竞争,可能引发战争。因此,

---

① 该会议由国际科学经营管理协会(CIOS:Comité International de l'Organisation Scientifique)主办,松下幸之助于1963年9月出席了当年在纽约希尔顿酒店召开的第十三次大会,并发表了讲演。

为了避免过度竞争，避免发生战争，人们成立了联合国。联合国是阻止过度竞争、防止战争发生的组织。联合国近些年帮助世界避免了大规模战争的爆发。当竞争过度的时候，无论是企业间还是国家间，都必然会出现问题，所以我主张结束过度竞争。

在提问环节，一个美国人提出："松下先生，虽然你反对过度竞争，但是过度竞争是不会消失的。""为什么呢？"我反问他。他回答说："人的本性呢，是赚了一个亿的话，就想赚两个亿，做完一个工作就想做下一个。所以，过度竞争绝对不会消失，如果能消失的话，我去日本登门致歉。"

于是，我对他讲："你这样讲的话，过度竞争就不会从这个世界消失。我们今天在这里开这个CIOS会议，不就是为了避免过度竞争吗？因为过度竞争会带来社会问题，所以我们才呼吁停止过度竞争，回归到正常的竞争和发展轨道上，让国家和社会更加繁荣。可是，你一边出席会议，一边说过度竞争不会消失，这么轻易地断言，我实在无法原谅。"当然，最后，我俩的对话以笑谈结束了。为什么过度竞争是不对的呢？因为国家间的过度竞争可能导致战争，经济上的过度竞争会导致物价上涨，它一定是有问题的。

可能有人会说："你是不是说错了？过度竞争不是会带来物价下降吗？"事实上，过度竞争会带来物价的上涨。竞争最过度的国家是美国。近年来，美国的大资本不断发挥威力，企业纷纷合并、重组，零售店的数量不断减少。目前美国零售店的数量只有日本的一半，零售店本身却越变越大，其结果是，零售价格迅速上涨。开展过度竞争，一定时期内物价可能会下降，但是从整个国家来看，物价一定会上涨。这绝对不会有错，这是我根据自己52年的经商经验得出的结论。

## 竞争需要规则

稳定物价的最好办法就是鼓励基于规则的公平竞争，公平竞争能够帮助大家避免不必要的浪费。

最近，我感觉银行间的竞争已经太激烈了，很抱歉我提到了具体行业。因为竞争的激烈，所以目前银行的工作状态是，原本去三次就可以的客户，现在要去五次，只为了一万日元就东奔西走。对客户而言，这样当然非常方便。但是原本只需要去三次的地方，如今却要多跑两次，不得不耗费更多的汽油和其他费用，归根结底，这笔费用是会计入成本的，当然会导致物价上涨。竞争要讲规则，有规则的过度竞争或许还说得过去，如果连规则都没有了，那么过度竞争就是暴力竞争了。

我认为奥运会这个例子比较能说明问题。奥运会是一场彻底的竞争，运动员进行激烈的比赛，只为了争夺第一名。当然，奥运会的竞争是有规则的，运动员不能通过抓住对手的腿把他拉倒来获得胜利，因此还算是说得过去的竞争。没有规则的过度竞争是真正意义上的过度竞争，会引发各种问题，带来物价上涨，造成资源的浪费和工作的低效。例如原本去一次就可以解决的问题，却需要去两次或三次。这种情况在美国最为普遍。

## 第二章　企业与社会

也有相反的情况，就是计划经济。在实施计划经济的国家里，很多事情都是由国家主导完成的。生产出来的产品被直接分销给消费者，无须批发商参与。越是这样的国家，物价反而越高，这是另一种极端。在自由资本主义国家，存在过度竞争，产生了我刚才提到的负面影响；在实施计划经济的国家，产品被直接从制造地供应给消费者，物价也不便宜。就电视机而言，实行计划经济的国家的价格可能比日本贵三倍左右，而且质量也不好。这是缺乏竞争带来的结果，也不是理想的状态。讲规则的竞争能带来进步，具有积极意义；没有规则的竞争是不可预测的，它能导致社会混乱，这样的例子非常多。

认真思考的话，我们会明白，竞争可能是危险的，当然这取决于我们如何对待它。无规则的过度竞争其实不是竞争，而是产生罪恶的源头。我不是第一次这样讲了，五年前的 CIOS 会议上，我就这样讲过，而且当时还产生了各种争论。好几年过去了，如今我依然认为自己当时没有讲错。

由于过度竞争，美国变成了今天这个样子。过度竞争的结果，是物价在迅速攀升。

## 专注做本业有利于降低物价

当然，物价上涨的原因不止一个。第二次世界大战前我去东京的时候，住在一家旅店里。店里供应早饭，早饭里有白萝卜，非常好吃。我询问店家为什么那个白萝卜这么好吃，店家回复说那个白萝卜是练马萝卜，在东京因好吃而闻名，而且产地就在东京，所以非常便宜。如今，练马萝卜的产地如何了呢？那里已经不种萝卜了，变成了住宅社区。如此一来，萝卜不种了，但是吃萝卜的人增加了，萝卜当然会涨价，物价也在上涨。

假设某家大公司的人来到我的办公室说："松下君，不要再生产电视机了。""为什么呢？""教你一个更好的赚钱方法。""怎么做呢？""你们不用生产电视机了，我来生产，把你们的工厂卖给我吧。"于是我把工厂卖了。虽然生产电视机我也能挣钱，但是我把工厂卖了，其结果是，电视机价格一定会上涨。道理和练马萝卜的道理一样。正是因为明白这个道理，所以我不会出售工厂，我会想方设法地生产出更便宜的电视机。

卖掉练马区原本用于种植萝卜的土地没有问题，但是，如果卖地的人认为种植萝卜是自己的使命，是社会赋予的任务的话，情况可能会不一样，这和对公司的看法是一样的。如果土地的主人用卖地的钱购买更便宜的土地，然后运用自己的耕种技术继续种植萝卜的话，萝卜应该就不会这么贵了。

但现实是，生产萝卜的土地被高价出售，原本种萝卜的人转行从事了其他工作。他们不再种萝卜了，吃萝卜的居民却增加了，萝卜价格上涨也就成了理所当然的事情。这一切是政府的错误吗？是建造住宅区的开发商的错误吗？是出售了土地转做其他行业的农民的错误吗？还是三者共同的错误呢？

同样的情况，也发生在其他商品上面。我认为这也是现在物价普遍高涨的原因之一。换言之，我们今天的操作在不断地推高物价，而与此同时，我们又不断地在抱怨"物价太高了"。这就如同想要捕鱼，不去大海或湖、河里捕，却想在山上捕，这样哪里能捕到鱼呢？如何才能捕到鱼？政府当然需要考虑，我们每一个个体也需要考虑，只有这样，才能达到目的。

大家可能会说"这个道理我明白"，但是，我感觉大家还是不太明白。

我认为根本的原则应该是，伴随着越来越多电脑、汽车的使用，伴随着高速公路的不断建设，即使人工费用上涨，物价也应该下降。也就是说，这些新事物的出现和运用让劳动生产率增长了十几甚至几十倍。同样的道理，原本用木头车拉货，后来换成卡车，运输能力大幅增长，运费自然会降低。别说是降一半，就算降到原来的十分之一也是可能的。

然而，就算用卡车替代了木头车，如果交通瘫痪的话，也无法前行。无法前行的话，就毫无意义，也就是进退两难了。

## 第二章　企业与社会

# 企业不能脱离社会而存在

为什么会出现现在的问题呢？究其原因，首先是世博会①的主题——"人类的进步与和谐"没有得到落实。其实，早在二十年前，我就希望社会能够正视这个问题。我们当然可以追求进步，但失去了和谐就不应该了。政府当然应该考虑这个问题，作为国民，这也是我们必须思考的。如果我们可以做到的话，即便工资增加，物价也不会如此上涨。这才是一种理想的状态。

其次，我不得不提到国会的工作。我们的国会，一年当中有半年在开会，这实在不是一个好的状态，这方面不能提高些效率吗？对于商界人士而言，每年举办一次这样的研讨会固然很好，但是，

① 1970年，日本大阪举办了世界博览会。本届世博会，主题为"人类的进步与和谐"，3月15日开幕，持续了183天，超过6000万参观者入场，无论是参展国还是参观人数，都创当时世界博览会纪录。

如果每天都这样开会的话,会议就会变得毫无意义。任何事情都应该有度,竞争应该存在,学习也非常重要,然而,希望一切都能在和谐的原则下进行。

站在这一基本原则上思考的话,企业不是脱离社会而存在的,企业和社会也不是对立的关系,而是统一的关系。大家都是企业的人,大家也都是社会的人,我坚持认为我们现在有必要认清这个问题。

一旦我们认清了这个问题,有利的条件就开始出现了。

我认为,我们现在正处于一个巨大的动荡时期,日本的国民会迎来光明,或者说日本可以为世界提出有意义的建言,而世界也正在期待着新的人类观和社会观的诞生。我对此充满了兴趣与期待,也希望为此提出我自己的观点。

以上是我今天的演讲内容。

第二章 企业与社会

# 问答环节

## 1. 通过抵制和不购买恢复正常

**提问者**：最近，电视机的双重价格问题引发了广泛讨论，对于当前的这场消费者运动[①]，松下先生你们公司首当其冲。您如何看待当下的紧张局面，打算如何解决呢？恕我唐突，请您谈谈您的想法。

**松下**：您的这个问题，正是当下大家都想问的问题，虽然我自己希望尽可能避免。但既然您提问了，那我就尽量回答。这个问题源自消费者希望以较低的价格购买电视机，我当然认为这个愿望合情合理。

我们也一直有着相同的想法，并一直努力以尽可能低的价格销售更高质量的产品。正如我之前提

---

[①] 1970年8月，日本的全国地方妇女组织联络委员会对东京及其周边地区的家用电器价格进行了调查。调查发现，标价与实际售价相差甚远，双重价格问题由此受到广泛关注。消费者协会发起了拒绝购买彩色电视机的抵制运动，并抵制松下电器的所有产品。

到的，日本的电视机如今品质已经是世界第一，而且价格最低，这是事实。十二家相当大的制造商相互之间展开激烈的竞争，而且顾客可以自由选择，这就是为什么我们能够以世界上最低的价格出售世界上最好的产品。不过，消费者希望以更低的价格购买，这个愿望再正常不过了，而且我们也切实希望以更便宜的价格出售产品。

当然也会有质问的声音，有人可能会说："如果真是这样的话，就根本不该出现问题，但是为什么还是有双重价格的问题呢？这不是很奇怪吗？而且，日本公平交易委员会乃至日本政府都在出面干预，试图纠正所谓的双重价格，这样的问题不是存在吗？"

于是，即使我们主张我们正在以尽可能低的价格生产最好的产品，消费者还是不认可。现在的事实是，确实存在双重价格。在通产省就双重价格给出指导意见后，其他厂家一下子降了价，于是消费者主张，既然发生了这样的事情，那不就意味着过去的售价太高了吗？

但是我认为，随着时代的变化，可能会出现一些原本不应该出现的问题，即使我们意识到需要改革，但有时由于激烈的竞争，改革也无法如愿进行。

双重价格对于我们企业而言，也是一件麻烦事，我也常常想要纠正这个问题。

双重价格问题的出现，是因为消费税是按标价收取的。从道理上讲，按照销售价格课税是最合理的。例如，如果某件商品的售价比标价便宜10%的话，那么应该按照销售的价格课税。但是目前的规定是，如果贴着标价的话，就要根据标价计算税费，因此，即便标价是虚设的，也会按照标价课税。这个负担必须有人承担，那么是应该由厂家负担呢，还有应该由消费者负担呢？我认为这种算法是不合理的，所以想要废止它。想要废止的话，需要各家公司共同协商，共同行动。单独一家提出想废止，这需要极大的勇气。

现在消费者都习惯了10%~15%的降价优惠幅度，如果把标价降低10%，在此基础上再优惠5%

的话，那一定是行不通的。

　　政府对电视机征收的税率是15%。现实中，标价20万日元的电视机实际售价可能是18万日元，甚至是16万日元，其中有三四万日元的差价，但税金却是按照标价20万日元征收的，这非常不合理，本身就是浪费。政府可能会因为多收税高兴，但却需要制造商或者消费者负担这部分税金，所以，我们其实希望降低定价。但是，还有一个问题是，为了降低定价，制造商需要共同协商，如果只是一家制造商降价的话，大概率是会失败的。长时间以来，大家习惯了10%~15%的优惠活动，所以即便是降低了价格，也还是需要开展优惠活动的。

　　我们已经多次尝试，但是没能成功。想要尝试的时候，碰巧又被公平交易委员会追究，渐渐地，关于价格的商讨变得越来越困难了。于是，价格不能再商量，每个制造商只能自己单独定价。但是，这又无法进行，因为即使已经降低了标价，也还是需要打折，否则就卖不出去。企业要克服这些困难需要极大的力量，单独一家企业根本不具备这样的力量。

这一次，不知是幸还是不幸，我们得到了政府的指导。基于这个指导，我们目前的情况已经恢复了正常。

不仅仅是我们的产品，双重价格在很多产品中都或多或少地存在。大范围的双重价格会导致顾客的困惑，有些顾客甚至可能最终会买到价高的产品，所以大家一直在警惕这个问题，而且一直到今天，我们也始终希望纠正这个问题。因为必须支付额外的税金，所以我们试图让标价尽可能地接近实际售价，但是我们无法单独做到。事实上，这也是我一直在担心的问题。

现在，这个问题再一次引起关注，消费者明确表示不能接受双重价格，而我们作为制造商也有同样的意愿，既然政府对此做出指导，我们就安心按照指导执行了。所以，请大家不要误会，我们不是为了卖高价所以执行双重价格，而是因为竞争过于激烈，逐渐地演变成现在这个样子的。

幸运的是，消费者给予了我们批评，要么用抵制的方法，要么采取不购买的方式，虽然出现了一些问题，但是作为结果，我认为最后一切恢复了正常。从这个意义上讲，我非常感谢消费者的努力，我相信以后的工作会更方便开展。

## 2. 物质公害源自心灵公害

**提问者：** 松下先生，谈到消除心灵公害运动，我认为您大力倡导的PHP运动也算其中的一部分。谈到心灵的污染问题，我认为您投入最多精力的PHP是消除心灵污染的运动之一。关于这个话题，可以请您谈一谈吗？

**松下：** 现在有一个词叫"公害"，目前我们主要关心的是物理层面的公害，如各种有毒物质、空气污染等。但是，我认为公害不限于物理层面，还存在于精神层面，我称之为心灵公害。所谓心灵公害是指，各种各样的事物对人的心灵造成伤害，使人的精神，或者说内心处于不安定状态。如今世界各地普遍存在这种状况。我认为，因为我们用这种不安定的精神状态看待一切，所以如今的物理公害才会这么严重。公害的根源归根到底是人类的思维。当人们缺乏精神稳定性时,物质层面的公害问题就出现了。

我们必须同时修复这两个层面的伤害,而修复精神或心灵需要很长时间。我们当然需要解决现在正在发生的物质公害,这个问题非常急迫,要求我们尽快着手。那么,这是一蹴而就的事情吗?答案是否定的,即便暂时能够解决问题,但是污染还会以其他形式不断出现。

因此,要从根本上、源头上解决问题,就必须触及心理稳定从何而来的根本问题。我的观点是,问题出在人类观上,旧的人类观已经不适合当今时代。

我切实感觉到,现在存在大量心灵公害的问题,由此产生的问题之一就是不信任。这种不信任既存在于国家之间、企业之间,也存在于个人之间,是一件需要各方力量共同面对,共同努力,共同寻找解决方案的事情。

### 3. 磨砺智慧、运用知识

**提问者：** 举例说明的话，现在的电子计算机本身的系统已经变得极其复杂，其他科技在各自的领域也变得比过去复杂多了。但是，由于它们之间的关系并没有完全清晰，所以我觉得我们有必要更加谦虚地看待这个问题。关于这一点，您怎么看呢？

**松下：** 我们可以试着换一个说法。如果在一个身体里，心脏功能高度发达，但是其他脏器却不怎么发达的话，高度发达的心脏反而会带来麻烦，所以我才说和谐非常重要。

电子计算机是非常重要的工具，今后也需要大力发展，然而，为了使用好计算机，人类必须发展出与之相应的人类智慧。电子计算机并没有超出知识的范围，充分利用好计算机需要依靠人类的智慧。那么，如何才能传授智慧、发展智慧呢？我认为我们在这方面做的工作还是太少。

今天，人们接受了更多的知识，知识的范围在不断扩大，但是只有人类的智慧能让我们在生活中有效地利用这些知识。

## 第二章　企业与社会

知识与智慧是有区别的,虽然我无法表达清楚这个区别是什么。知识的使用者是人类本身,无论知识发展到什么程度,如果智慧不发展的话,知识就可能带来灾难。因此,知识越发展,它就越有可能变成一把灾难之剑,除非我们能够提高使用知识的智慧。

电子计算机的发展虽然是有益的,但是人类的智慧必须跟上计算机的发展步伐。问题是,人类智慧的开发是件有难度的事情。

知识和智慧是有区别的,知识可以传授,也可以学习。经营学可以传授,也可以学习,但是我认为经营本身无法传授,也无法学习。经营者必须通过实践锻炼自己,在实践中获得经验。同样的道理,可以传授和学习的是知识,无法传授和学习的是智慧。智慧只能通过自己的努力去获取,通过经验去总结,通过实践去提高。

佛陀当初出家时,接受了很多苦行教导,但是却没能开悟。于是他放弃了,艰难地下了山,在下山途中累倒了。这个时候,有一个少女因为同情他，端来羊奶给他喝。他喝完羊奶，恢复了体力，在菩提树下冥想，终于开悟了。我觉得这就是智慧。

这种极难获得的智慧被人们忽视，知识本身却在飞速发展，我认为这是当今社会陷入困顿的原因，这也是一个非常重要的问题。我觉得我们现在生活在一个非常困难的时期。

因此我想要主张的是："让我们每个人都将自己的智慧提高到一个新的水平，让我们自由地分享我们所拥有的智慧，让我们充分利用我们所获得的知识。"让我们共同分享这样的主张、共同努力，在这个过程中领悟智慧，进而提高我们的智慧。

希望我的回答能够让你满意，虽然其实我自己也不是非常明白。

关西生产力本部 关西经济同友会
第九次关西商界研讨会
1971年2月3日
于国立京都国际会馆

第三章

# 新时代的经营理念

·如果理解了经营一家企业的理由,那么即使不太擅长经营,也不会出太大问题。

·经营企业的方法有很多种,但终极结论只有一个,那就是结合自身立场主动思考自己应该做什么,并找到答案。

·企业的经营者和其他管理人员必须始终明白,自己代为管理的是社会的公共机构。有了这样的认知,公平、无私的企业管理自然会出现。

## 快速变化的社会形势

请允许我坐下来讲演。在座的各位，晚上好。从现在开始到 8 点左右，是我给大家做讲演的时间。我今天的讲演题目是什么呢？主办方给我的题目是"新时代的经营理念"。关于这个主题，其实我并没有想好具体要谈些什么内容，说这样的话，显得我非常不负责任，或者对这次研讨会很不重视，但我绝对没有这个意思。

我一向不善于逻辑思考，基本上是根据具体的场合，临时决定我要说的内容。就我个人而言，在讲演之前就思考讲话的内容或者起草讲话稿，不是我习惯的做法。如果非要这样做的话，我反而容易犯错误。因此，我一向是临场发挥，今天也就按照一贯的习惯做了。今天的题目非常好，可是我还是没有事先决定内容，只看了看题目就来了。事实上，来之前我把题目也忘了，到了会场，看到会场的展牌，才想起我被告知的题目是什么。

今天我的想法不太完善，而且身体状态也不太好，说话不能太用力。考虑到这些因素，今天我就不想从最开始讲起了，直接进入问答环节。今天大部分的时间我都想用于回答大家的问题，还请大家多多提问。

话虽如此，作为话题切入，我还是想讲大约十分钟。今天讲演的主题是"新时代的经营理念"，但新时代是一个什么样的时代呢？纵观近来的时事动向，变化令人眼花缭乱。今天和昨天已然不一样，明天也将发生变化，事情的变化如此之快，令人非常感慨。

即使我们谈论新时代，其实并不知道新时代何时开始，如何结束。我们生活在这个瞬息万变的时代，一个新的时代似乎一眨眼就会过去，所以连"新时代"这个词我都觉得有些难以捉摸。

那么，如果用一个词来代替"新时代的经营理念"的话，可能就是"瞬息万变时代的经营理念"了。但是，如果用"瞬息万变"的话，在我说话的这一瞬间，我的话就已经是过去时了，那我说话的意义何在？因此，还是权且使用"新时代"一词。

## 国家的经营 个人的经营

谈到经营，我们会说"去年的经营""今年的经营""明年的经营"等，由此可见，经营是具有变化性质的。具体到经营内容，我认为也存在各种各样的情况。大到国家的经营，这当然是经营，现在每天国会都在发生各种争执与讨论，这所有的一切，都是国家的经营；小到各种店铺，这样说可能会引起误会，但是即便只是经营一家小乌冬面馆，那也是非常重要的经营。

有人会说，乌冬面馆是生意，不是经营，国家是政治，也不是经营，但是在我的理解里，这些都是经营的一部分。既然如此，无论对于国家而言，还是对于乌冬面馆而言，它们都需要明确什么是好的经营。

对于国家而言，好的经营是指引导国民愉快地劳动，并取得相应的成果。对于乌冬面馆而言，好的经营指用心做好产品，为顾客创造愉快的用餐体验。如果当顾客下次再想吃乌冬面的时候，能想起"那家店的乌冬面很好吃"，从而再次光顾的话，那家乌冬面馆的经营就是成功的。如果顾客用餐后觉得乌冬面不好吃，或者抱怨餐食是凉的，他们以后就不会再次光顾，慢慢地乌冬面馆的生意越来越冷清，直到难以维持，这时候乌冬面店主就需要纠正自己的想法了。

为什么需要经营？为什么要进行乌冬面馆的经营？为什么要进行国家经营？反复思考这些问题并自己找到答案，这一点十分重要。知道答案的人，哪怕在经营方面不太擅长，也是能维持局面的。

如果不知道答案，无论是经营国家，还是经营面馆，都不会顺利。乌冬面馆，即便经营不善，充其量不过客人少、乌冬面卖不出去而已。但是，如果上升到国家层面的话，一旦经营不善，就有可能不得不提高税率，或者原本 10 天可以完成的国会审议，不得不延长为 20 天，即便如此还是无法顺利完成。效率这么低很成问题,并不是会议时间越长,越能得出明智的结论。智慧往往是在瞬间闪现的,就像灵感那样。

经营的具体做法千差万别,但是我认为最终结论只有一个,无论立场是什么,也无论职业是什么,至关重要的是,基于自己的立场和职业,确立明确的、根本的经营方针。

这里我想举一个例子。我的话或许会让朝日新闻不高兴,但是朝日新闻也有可能会表扬我。"出版一份报纸,并且让这份报纸受到读者的喜爱和信赖",如果朝日新闻把经营目标定在这个水平上的话,作为报纸当然能够立足,但是这样的目标对于报社而言是不够的。受到读者的喜爱和信赖,只是报社经营目标的一部分而已。

朝日新闻拥有大量的员工,为这些员工的未来考虑,也为这个国家的未来考虑,它需要综合各种力量和资源,不断创造出新的经营理念,这样才算是好的经营。不仅是报社,今天在座诸位所属的经营体也都应如此。

此外，我们在座的每一个人都是一个个体，那么，我们对自己这个个体又是怎么经营的呢？在座的有上班族，有工商业者，有公司高层管理人员，我们自身的经营做得怎么样呢？每一个个体都需要经营，每一个家庭同样也需要经营。

如果我们自问，我们的个体经营进行得怎么样呢？可能无法一下子得出答案。有些事情进展得顺利，但是有些事情可能进展得不顺利，所以现在才会有无法释怀的烦恼。所有这些，我认为都在经营的范畴之内。

正因为经营包含着这么庞杂的内容，所以所谓的"新时代的经营理念"，实在是不容易讲清楚的。当然，四五年前的经营理念和今天是不同的，十年前的理念和今天也不完全一样，这些区别还是需要讲清楚的。

## 企业属于谁

今天，实体企业种类繁多，但是如果我们从单

## 第三章 新时代的经营理念

个实体的角度来思考经营的话，就会发现，过去的经营理念和现在的经营理念之间存在不小的差异。过去的经营我指的是第二次世界大战前的经营，现在的经营指的是第二次世界大战后的经营。

两种经营理念的不同之处在于，对企业归属的认知不同。如今，我们在谈论新时代的经营理念时，应该明确一点，即要清楚地认识到企业是公众的、社会的，企业是社会公器。

说报社是社会公共机构，这很容易理解，但是餐馆也是公共机构吗？可能对于这个问题有人是存疑的。我认为，餐馆也是公共机构，只有明确了这点，现代意义上的经营理念才可能确立。

过去，公司属于个人，属于股东。但是，现在不同了，它不再属于个人或股东，而是真正的社会公共机构。

在这样的经营理念下，经营者需要思考什么呢？在机构里工作的经营者又需要思考什么呢？我们需要思考的是，我们负责的是一个社会公共机构，秉持着这样的想法，我们自然而然就能够产生公平、无私的企业经营理念。

过去，人们认为公司属于个人时，干了活儿，挣了钱，交了税，剩下的一切都是自己的；实施股份制之后，按照这个逻辑，利润就是股东的了。但是今天，这样的想法已经不合时宜了。

当然，从法律上讲，即使在今天，如果一家公司是由个人经营的，那么该公司归个人所有。当一家公司合法地属于其股东，并且将利润分配给股东时，那么该公司就归股东所有。

虽然法律是这样规定的，但是这并不是企业的本质。如果我们能够从本质上看企业的话，即如果我们能够看清楚企业是社会共有的这一本质的话，我们的管理就会发生变化。如果我们按照过去的认知，认为公司属于个人，我们可能会说，给亲戚便宜些吧，给朋友打个折吧，这样做当然问题不大。但是，如果按照现在的认知思考的话，我们明白公司是社会共有的，经营者只是一个代为经营的负责人，那么无论顾客是父母、子女还是亲戚，都会按照同样的价格出售商品，不会随意降价。我认为现代经营理念应该建立在这种公正无私的思想之上。

以上是我今天想讲的内容。正如我刚才所言,我今天的发言就限于此,剩下的时间以回答大家的提问为主,非常感谢大家的理解。

欢迎大家提问,但每次只限一个问题,大家可以反复提问,谢谢。

企业属于大家

# 问答环节

## 1. 关于"天降"① 问题

**提问者：**松下先生说企业是社会共有的，政府机关也是为了社会的公共利益而存在的。因此，是否可以这样理解：因为政府机关和企业都是社会共有的，所以人们才公然地做着"天降"这种事？

**松下：**你的这个问题主要想讨论"天降"这种事到底是对还是错吗？也就是说，既然行政工作是公共的工作，企业也归公共所有，那么从行政机关转至企业工作，不过是调动一下工作而已。这样来看，"天降"是不是就不用受到批评了？

我的回答是，这的确不是一个有问题的操作，我认为完全可以接受。那些参与过政府工作、有相当技能的人，去企业工作，利用自己的技能为国家

---

① "天降"意指上层不顾下面的意愿，强制下达命令，这里指日本的一种社会现象。在日本，企业需要接收一些从政府机关退休的干部，这种现象被称为"天降"。

## 第三章　新时代的经营理念

和社会服务，这是可以接受的。

然而，这样的事情的确常常受到批评。究其原因，这是一个涉及"私心"和"公心"的问题。也就是说，这个工作的变动是本着"私心"还是"公心"，产生的效果是不一样的。究其根本，这是一件不能仅凭"私心"做的事情。

只要不是出于私心，在政府工作的人去私营企业工作就没有什么问题。"降"字意味着下降到民间，带有封建性质。今天，职业不分贵贱高低，无论是政府官员还是公司职员，是没有上下之分的。

过去，在日本有"官尊民卑"的说法，以为官在上民在下，民间社会得不到尊重，这应该是当时时代的产物。然而，在今天的民主时代，"上下""尊卑"这些词早已消失，"天降"这样的词本身就是不合时宜的。

出于"私心"的工作变动是不可取的，我们应时刻警惕。只要不是这种情况，任何人都可以自由地去选择工作。我还认为，这样的事情越多，我们的社会越有可能实现人尽其用。这就是我对这个问题的看法。

## 2. 以股东为中心还是以员工福利为中心

**提问者**：我想问您一个关于日本企业及其未来的问题。我们常常听到的说法是，企业的初衷是给股东分配利润，但这只是表面现象。现状是，就大企业而言，企业更像一个为企业成员服务的社会福利组织。您认为我们应该追求哪个？是应该追求美国式的做法，把企业发展成一家单纯回馈股东的组织，还是在日本独特的社会结构中，把企业发展成类似于为员工提供福利的组织呢？

**松下**：这真是一个非常有趣的问题。我觉得无论是哪一个方向，做过了头都不是好事。有一个词叫"适当"，其实这个词很模棱两可，做起来非常不容易。不过，我还是会用"适当"这个词，我认为只要做得适当就可以。

正像您所说的那样，我们基本可以认为美国的企业是以股东为中心的，那么日本的情况怎么样呢？从法律的角度讲，日本的企业也是属于股东的，所以从这个角度讲，我们必须认真对待股东。

但是，日本企业往往容易忽视股东，而注重企业本身和员工的福利。这样的企业是令人向往的，当然也会有很多人愿意去这样的企业工作，这种福祉型公司的经营会获得更多的关注。

如今，各企业普遍重视员工的福利，其表现之一就是建设各种福利设施。在一些情况下，企业甚至会负责一些原本应该由政府负责落实的福利设施。这样的倾向越来越明显，我认为这是一种福利过剩的状态。

两种企业类型，我认为最好都不要走得太远，应该有一个合理的限度。但是，重视员工福利，在日本是一个有着悠久传统的做法。

从这方面来讲，美国的人情是比较淡薄的。如果我们说美国是一个新兴国家，可能会引来不满，但是从日本的角度来看，美国建国只有二百多年，确实是一个新兴国家。而且，美国凭借开拓精神迅速发展，从传统的角度讲，人情淡薄也在所难免。"付了该付的钱就可以了""做多少工作就应该得到多少报酬",这样的倾向是美国建国后就形成的一种思维习惯。

鉴于此,我认为日本现在转向美国这样的股东导向型社会是没有意义的。但是,企业给员工过多的保护,把这种保护变成企业的优势也是不可取的。毕竟从国家整体的平衡出发,企业需要自己把握好这个度。企业应该以股东为中心,还是以员工福利为中心,这个问题不能一概而论,这是一个历史发展的自然状态。

最近,针对日本当前的经济发展状态,美国各界进行了很多研究,其中备受瞩目的焦点之一是日本企业的终身雇佣制。他们认为,员工一旦进入日本的企业,企业就不会解雇员工,还会支付不错的工资,让员工放心工作到退休。这和美国的企业很不同。他们认为这一点与日本现在的经济发展具有直接的因果关系。如果这个论点成立的话,他们认为美国也应该认真考虑这个选项。

参考这样的意见,我们很难说日本的传统就一定是不好的,虽然它有禁锢人的地方。与美国相比，日本企业这种保护员工、重视福利，甚至在员工退休之后也能给予一定程度照顾的倾向，我认为在未来相当长时间内还会持续下去。

### 3. 用第三种思想消除争执

**提问者**：松下先生，如果用一个词形容您现在打算做的事情，或是想要做的事情，您会怎么说呢？非常感谢您的分享。

**松下**：这个问题应该怎么回答呢？我现在想做的事情？突然被这样一问，我反而不知道该怎么回答了。我试着回答一下。

我从我的希望和我想做的事情两个角度回答这个问题。首先说我的希望，我希望政府在政治方面能做得更好一些。然后说说我想做的事情。我从事家电制造业，承蒙大家的惠顾，公司能够发展到今天的规模，这份工作当然是我想做的。但是，这过于理所当然，今天暂且不谈，我来谈谈除本职工作之外自己想做的事情。

我想做的事情有些理想化。虽然我还不能确定是否有可能创造一个新的想法，但我希望有一种新的思想，通过这种思想减少主义引发的纷争。这是我现在想做的事情，是我的一个梦想。

### 4. 中小企业是国家的核心

**提问者**：我是一名中小型企业的顾问，走访中小企业时，我感觉它们与大企业之间存在巨大的差距。中小企业无论在人力资源方面，还是在能力方面，都无法与大企业竞争。据我所知，在欧美，企业之间的差异主要体现在规模的大小，但是在日本，大企业与小企业之间却存在着本质的不同，我感觉两者之间的差距不太可能缩小。您认为如果中小企业要达到与大企业同等的经营管理水平，关键需要注意哪些问题？

**松下**：从大趋势来看，现在的确在一步步地变成你说的样子，这是好事还是坏事呢？这当然是一个不好的事态。中小企业的工作人员素质逐渐下降，而高素质人员几乎全部去大公司工作。对个人而言，这可能是一件可喜的事情，但是对社会整体而言，我觉得这是不幸的。

理想的社会应该是中小企业和大企业都能够吸引合适的人才，做到人尽其才。从企业构成的角度来看，只有大企业能够生存的社会不是好的社会，理想的状态应该是中小企业也能够健康发展。

虽然现在中小企业的生存条件并不理想，但仍然有许多中小企业做得非常出色。我们当然不能仅用利润这一单一指标评判一家企业，但是的确有很多中小企业运营效率高、利润高，相比较而言，所谓的大企业反而业绩普遍较差。作为公民，我们必须思考这样一个事实。尽管大企业非常努力地吸引了最好的人力资源，提供了最好的设备，花天下的钱，用天下的人才，但效果并不好。这个问题需要我们认真反思，更需要政治家认真思考。

我认为问题很大程度出在政治上，企业也有问题。企业的问题主要出在一味想要做大，注意力过多放在争夺市场份额上，这就导致了过度竞争。于是综合的结果是，所有的企业都受到伤害，中小企业和大企业之间的差距开始出现，中小企业的优势变得越来越小。反观大企业,是否做出了成果呢?事实未必如此。从国家总体而言,我认为这是一个大问题,中小企业才是国家的核心,是国家的基石,政治的工作重点应该放在中小企业的培养上。

长期以来,我一直在提倡专业化。中小企业虽然规模小,但是如果专注于专业化生产,就有可能生产出大企业也无法生产的优质产品。那么,即使中小企业和大企业之间存在竞争,最后获胜的还是中小企业。从第二次世界大战前开始,我就不厌其烦地这样提倡,今天,我依然是这样的主张。

第二次世界大战后,我们的经济取得了非常大的发展,大企业的数量增加了很多。如果这些大企业非常成功的话,我们需要缴纳的税金应该会低很多,因为少数大企业缴纳的税金就能够支撑所有的费用支出了。战前,日本只有90万纳税人,税率也非常低,但是负担了国家的支出,其中包括庞大的军事支出。

## 5. 东京大学毕业生都去大公司

较之于过去，今天的人均生产效率提高了数十倍。大企业的生产效率当然也提高了很多，但是，交付国家的税金并没有增加太多。现在，日本全国有两千八百万纳税人，而且，税率也翻了数倍，考虑到这些因素，我们不得不说大企业的经营状态并不理想。我的话可能有些跳跃，或许有不太好消化的地方，我想说的是，正如你所说，我也认为人才应该更多地进入中小企业。

现在日本有不少国立大学，国立大学需要国家财政拨款。像东京大学这样的学校，每个学生从入学到毕业，所需的费用约为四五百万日元。这意味着每个学生在校期间需要花费四五百万日元的国家费用，这些费用都来自大家的纳税。

那么，东京大学的毕业生去了哪里呢？他们都去了大企业。中小企业努力纳税，供养了大学生，但是大学生毕业以后，没有去中小企业，而是去了大企业。这件事情非常不公平。

因此，雇用国立大学毕业生的公司应该多缴纳

200万或300万日元的税金。这个办法怎么样？如果我当了首相的话，我就立刻这么做。如果国家这样规定的话，大企业就不会招聘那么多人了，即便是人手不够，也不会招聘过多人手了。

目前我们正处在转型期，政治方面、经济方面、社会方面，需要解决的问题确实非常多。我不太确定我是否回答了提问，这是我目前对这个问题的看法。

### 6. 经营与资本的分离

**提问者：** 目前，我认为企业的经营者可以分为两种：企业主兼经营者和职业经理人。我曾经听到过的说法是，从经营与资本分离的意义上讲，经营者与资本家应该是分离的。但是事实上，这样做未必是好事。松下先生是企业主兼经营者，您对这个问题是怎么看的？

**松下：** 这是个非常有意思的问题。在日本现行的税收制度下，小企业可由所有者来经营管理，但大型企业不能由所有者来经营。我是企业的创始人和经营者，松下电器的规模已经很大了，现在我只拥有松下电器4%的股份，96%的股份属于十几万股东。但是，一般人还是认为我是松下电器的所有者。实际上，我和一般的受雇高管没有什么两样，只有4%的股份。当然，即便只持有4%的股份，我也还是一个大股东。其实，我几乎就是你所说的职业经理人，类似一个领薪水的高管，最终我应该会变成一个彻底的领薪水高管。

最终，我当然会离开这个世界，虽然我很想一直活下去，但这是不可能实现的愿望。当我去世的时候，假设我留有财产的话，其中70%需要作为遗产税支付给国家，能留下来的只有30%。也就是说，我目前持有的4%的公司股份，到时候必须交给国家3/4，自己只能留大约1/4，也就是1%左右的股份。即便我的下一代成为松下电器的总裁，他们也只拥有公司1%的股份，是实实在在的职业经理人。

这就是日本现在的体制，将资本和经营分离，将经营者变成拿薪水的职业经理人。不管我们喜欢与否，这种情况正在变成现实。至于这个现实好还是不好，我觉得可以从两个方面来看。

如果一家公司变成了大公司，但仍然是公司所有者担任执行董事，那么这个社会的贫富差距就会拉大，我觉得这不是一个好办法。然而，像现在这样，即便只是一家不大的公司，也要用职业经理人，公司所有者不能自己经营，这样做未免有些过度了。

因此，要结合社会和世界的形势，决定税率，决定让国民拥有多大比例的资产。这些事情需要认真考虑，我认为这也是政治的本质，是非常重要的问题。当然，这也是个非常复杂的问题，目前我能回答的就这么多。

## 7. 是企业不好还是政治不好

**提问者：**您说企业如果不赢利的话，就是对社会犯罪，企业必须通过服务社会来赚取合理的利润。我非常赞同您的意见，但是不幸的是，现实并没有这么简单。目前大多数的企业都没有盈利，陷入了经营困境。请问目前的困境是经营管理不善造成的,还是现有社会政治环境下不可避免的?

**松下:**这是一个很难回答的问题,无法简单说清楚,不过,我暂且做个回答。你的问题是在今天这个社会氛围下,即使企业想要赚钱,也难以做到,这个责任在企业自身,还是在社会环境?无论原因是两者中的哪一个,都是一场灾难。

我相信,即使在困难的时期,也有办法把事情做好。十家公司里有八家都做得不好,人们一般就会认为是经济形势不好,是没办法避免的事情。但是,还是有两家公司表现得相当不错,这也是事实。经营良好的公司一般都有自己切实和坚定的经营理念,一般不会勉强做事,而且信用良好。这样的企业越是在经济不景气的时候,业务反而越繁忙。

经济好的时候,大家都很忙,于是也就没有时间一边仔细检查一边购买商品,所以什么样的商品都能卖出去。然而,当经济变得有些不景气时,人们会更谨慎地做出选择,那些持续改善产品和服务的商家更容易受到顾客青睐。于是，当经济不景气时，这样的公司反而会因祸得福。

这样不断努力的企业，或许没有不必要的浪费行为，但是不可否认的是，企业有时不可避免地会因过度竞争而陷入亏损。毕竟，从更广泛的角度讲，我们在鼓励政治上的过度竞争。由政治带来的各种扭曲，也会迫使我们陷入不可避免的过度竞争，最终，有不少企业会陷入泥潭。

这是一个非常复杂的问题，也正因为复杂，我们才需要认真考虑如何创造一个只要努力，十家企业就都能生存的社会环境。这个问题当然需要企业自身认真思考，与此同时，社会也必须思考，政界也需要充分努力。只有这样，一个比较理想的社会才能建设起来。这不是一个朝夕之间可以解决的问题，因此，需要长期向企业发问，促使企业进行思考。

与此同时，企业本身也需要不断自问自答，以期获得有意义的答案。我认为这是一个由于集体责任而出现的问题，但是现在却看不到这样的连带感了，大家各自为政。我当然认为这不是一个好的社会状态，但是现实是，如果不能努力经营的话，的确有可能变成落伍的企业。

## 8.关于和谐学的建议

**提问者**：您提到过经营就是进行综合思考，按照这个思路，我认为个人的生活也可以看作是一种经营。但是，当一个企业、一个政治团体被划分为有组织的区块时，按照既有的想法，活着的个体在其中承担一部分责任就会被遗忘，针对这一问题，您怎么看？

**松下**：这个问题的要点我不太理解，但是大致明白你想要问的问题是什么。当谈论个人和包含着个人的团体时，比如公司这样的团体，或者更广泛地说，各种社会团体和政治团体，我常常会想，这里面包含着很大的不和谐，我认为这当然是一个问题。我们有那么多学科，却没有一科是研究和谐的学问，我认为非常有必要创造一门名为和谐学的学科。

前些日子开幕的大阪世界博览会的主题是"人

类的进步与和谐",当时我觉得"进步与和谐"是一个非常好的主题,但是最近想法又有了一些变化。我现在认为两个词的顺序应该翻转过来。之所以这样讲,是因为进步带来的扭曲和经济增长带来的扭曲今天正在造成很大的麻烦。我们应该放缓追求进步的步伐,把精力更多地集中在和谐上,更多地思考如何和谐地相处下去。

我们可以试着暂时叫停发明工作,停止做促进进步的事情,或停一年,或停两年。正在做的研究可以继续做,但是不要发表,研究的成果也不要商品化,可以先保存起来。让这个状态保持两年左右,完全不拿出新的东西来,我觉得就有可能出现一个比较和谐的社会了。这个可能做不到,我也不认为这是可能做到的,但是感觉这不失为一个办法。

大家不但要在个人层面维持和谐,还要将和谐的范围进一步扩大,在生活层面、活动层面也维持和谐。当大家更重视和谐时,事情会发生转变。

再说一些题外话。现在的美国虽然不能说整体都出现了问题,但是拿纽约来讲,现在变得糟糕了

## 第三章 新时代的经营理念

很多。城市整体变得更脏了，社会秩序在恶化，治安问题也随处可见，而且物价高企，失业者众多，到处都是嬉皮士，文明病患者迅速增加。与十年前相比，纽约的情况变糟了。

电子计算机的数量比十年前增加了十多倍。无论是政治领域还是经济领域，计算机都在发挥着作用。不但数量增加了十多倍，性能也提高了很多。

如此一来，经济发展迅速了，所有的事情都变得更加方便了，而且各方面的准确率也更高了，社会秩序也更好了。按道理讲，在这样的情况下，物价应该下降了，失业者也应该消失了，应该有越来越多的好事情出现了，因为使用了这么高效的文明利器。

但是事实是，计算机的工作量增加了数十倍，失业人数却在不断增加，物价在不断上涨，这是一种非常不好的状态。当我们聚焦在一个点上、一件事情上时，我们可以清晰地看到事情的成果，比如我们可能会说获得了上百倍的收益，或者人工费用削减到了原来的百分之一，等等，但是就纽约整体来看，事实是情况非常不好，情况在严重恶化。

看到这样的矛盾，我们不由得问，为什么在政治、经济等众多领域运用效率高、准确率高的电子计算机之后，国家的状态反而变得越来越不好了？为什么城市状态会恶化？为什么失业者会增加？为什么物价反而在上涨？

一切都失去了和谐，有些事情在发展，有些事情则没有，两者之间的扭曲正在产生可怕的后果。意识到这一点之后，我们就能够明白现在需要思考什么，需要做什么，需要向人们提出什么样的问题，以及我们需要坚持什么样的主张。

我可能没能领会问题的关键，也可能答非所问，但这是我目前的想法。

### 9. 政治献金①的利与弊

提问者：松下先生，您前面提到希望政治得到

---

① 向政党、政治家提供开展政治活动所需资金的行为被称为政治献金，也指资金本身。

改善,而且您说企业是公共的财产。在改善政治方面,您对大企业的政治献金有何看法呢?

**松下:** 这个问题是关于改善政治和政治献金的,我来回答一下。这是个问题,看似简单,其实并不容易回答。

大家都知道,现代政治需要开展政治活动,即便是正确的政治,也是如此。旧时代的政治没有必要采取政治活动,因为是专制政治。但是,现代政治是民主政治,需要选出代言人来执政。选代言人的话,则需要了解代言人的政治主张,所以候选人需要表明自己的政治主张。为了表明自己的主张,候选人要去各地演讲,表达他们的看法或主张。在这个过程中,会产生各种费用。

这些费用由谁来负担呢?我们当然不能简单地期待由候选人来负担全部费用。在现实当中,有很多人格非常值得信赖但是没有资金的人,所以我认为无论什么政党,都应该享有通过正当手段光明正大地筹集适量政治资金的权利。而且我也认为人民应该公开捐赠这样的资金。不出钱,却期待良好的政治，这是不可能的，就如同没有钱就没办法买东西一样。

现在的问题是，事情有没有这么清晰明了。大家的不安在于，目前政治献金是偷偷摸摸开展的，那么政治是不是也在做不可告人的事情呢？大家有这样的不安也是理所当然的。我的意见是，捐款应该公开，接受捐款也应该透明，重点在于要为了大家把政治搞得更加公平、有效。

我猜你想说的是，虽然搞政治的人在说他们的目的是改善政治，但是为了政治献金而蝇营狗苟。我明白你在问什么，你也知道我要回答什么。关于这个问题，确实需要人们达成共识。但是，今天的日本有办法培养国民达成共识吗？事实上，今天的日本正在做一些有悖常识的事情。这是我们共同的责任，是我们需要认真思考的问题。

我认为人类需要很长时间才能创造出一个理想的社会，这个过程是非常漫长的，所以没有必要特别着急，但需要我们为之付出努力。我的想法大致是这样的。

## 10. 如何解决东京人口过度集中问题

**提问者：** 有公司在招聘员工的时候，九州分公司的工资虽然低，但是来应聘的人却很多；东京分公司给出的工资虽然高，应聘的人却很少。于是，老板将更多的工作交给九州的公司做，因为费用更便宜。那么东京的公司应该怎么做才能揽到活儿呢？需要什么样的经营理念？东京的公司应该用什么样的经营理念去应对这样的局面呢？请您谈谈您的看法。

**松下：** 这个是不能免费教的。我觉得你问了一个特别有意思的问题。在东京，房租很高，物价当然也高，工资只能随行就市。企业给不了高工资的话，员工就不会来。但是，去地方城市的话，情况就会有所不同。因此，一些企业开始在地方城市或农村开设工厂，认为在这些地方经营比在东京好。我认为这个选择没有问题。

从根本上讲，我认为吸引这么多人来东京是一个巨大的错误。目前，东京是世界上拥有人口最多的城市，纽约的人口大约是800万人，东京却有

1100万人。

为什么这么多的人要聚集在东京呢？这个现实实际上非常糟糕。东京周边的土地价格在不断上涨，随着土地价格的上涨，物价也在上涨。看起来如果不采取些野蛮的手段，比如对居住在东京的人收取特别居住税，促使人口向地方转移，那么如果发生大地震之类的非常事件的话，真不知道会变成怎样不可收拾的局面，有可能日本这个国家都将没办法正常运转。但是到目前为止，没有任何改变的迹象。

在未来的20年，以东京为中心的方圆100公里的范围内，可能会聚集约3000万的人口。现在有一种看法是，需要建设足够的设施来接纳如此庞大的人口，而且实际上也是这样做的。如此一来，人口会越来越集中在东京周围，前面所提到的东京与地方城市运营差距的问题会越来越严重。

我们现在应该开始采取措施，将东京及其周边的人口控制在1500万人左右，这1500万人将生活在比较理想的城市条件下，而剩下的1500万人将居住在东京以外的地区。我认为我们现在就需要采取措施,鼓励人们离开东京。但是现实是,目前正在建设能容纳更庞大人口的设施,这从根本上就是错误的。所以,你所提出的这类问题今后会越来越多。

还有一点,虽说九州的工资比东京的工资低,但其实差别并不是很大。松下电器在九州也有工厂,九州的工资水平再低,两地工资也不会有超过20%的差额。这样的差别几乎可以忽略不计。

此外,不应该因为在地方城市工作就降低员工的工资,只有保持东京和地方工资的一致,才能鼓励员工留在地方。如果九州的人都被吸引到东京,不但东京会有麻烦,九州也会有麻烦。我认为现在到了需要认真思考的时候了,思考人口的平均分布到底有多么重要。

企业要从企业的角度,政府要从政治的立场,认真思考如何才能使人口分布均衡,否则不可能获得有效结果。从这个角度出发,政府机关应该搬到日本海一侧。我前面讲过今天的很多局面是电子计算机使用不当带来的,所以当政府机关搬到日本海一侧之后,应该大量地使用计算机,这真是一个有意思的结果。虽然会给一部分人带来不便,但是东京会因此变得更宜居,日本海一侧也会因此变得更热闹。这个设想虽然有玩笑的成分,但也有认真的成分。

       朝日新闻东京总社 朝日研讨会
       1972年4月7日
       于朝日新闻东京总社

# 第四章 经济衰退期的心得

企业属于大家

- 经济衰退期间有很多麻烦的问题,但是,如果你不是从单一的角度看问题,而是转换视角,从不同的角度看问题,就会发现,其实有很多摆脱困境的方法。

- 不能灰心丧气,经济衰退期是让身心休养生息、养精蓄锐的时候。然后,一边恢复体力,一边等待时机。

- 我们需要让这个社会重回正轨,该说的话要说,该做的事情要做,该纠正的事情要纠正,并因此获得尊严和尊重。我认为不这样做事就是不负责任。

承蒙介绍，我是松下。非常高兴能有这个机会和大家见面。平素给大家添了很多麻烦，今天又要占用大家一个小时的时间，来聊一聊我自己的烦恼。不得不向大家致歉的是，我今天嗓子有些问题，声音不好，所以诸位可能听起来比较费力，还请大家原谅。

年龄大了果然是不行了，身体容易出状况，虽然心还很年轻。

今天给到我的题目是"思考日本的未来"。未来日本会被建成怎样的国家，这是一个非常大的问题，所以我想暂时搁置，后面再谈。演讲的前半部分，我想先谈谈其他的问题。目前我们所面对的最大的问题是经济衰退，应该如何应对这个最大的问题呢？我想先谈谈这个话题，后面再完成我的命题谈话，请大家见谅。

## 都是赤字状态

最近，我遇到的人都在问我：今天会怎么样？

明天会怎么样？年底会如何？明年春天又会如何？大家都在相互询问，相当不安。作为商人或者企业家，我们应该如何思考眼前的问题？看法和思考方法当然有很多。就我个人而言，我虽然离开了管理岗位，但还是公司的顾问，作为经济界的一分子，我当然也会有自己的想法，而且别人也会询问我的想法。所以，今天我就这个问题先发表一些意见。

我们近来一直处于经济衰退之中，而且这种衰退不会很快过去，情况在变得越来越糟。今年春天，我在一本书中提到，如果不加以控制，经济将逐渐陷入衰退。不幸的是，情况正如我所预料。我估计你们当中的很多人在工作中遇到了不少麻烦，或者即使没有遇到麻烦，有可能很多事情都无法按照计划进行。

有一个词叫作"濒于贫困"。目前的形势如果不发生根本性的变化，在未来相当长的时间里，这种濒于贫困的状态应该会一直持续。当然，其中会有例外，在经济衰退的大环境下，还是会有一些企业能够赚取相当的利润，企业的运营也相当顺利，虽然这样的企业是少数，最多不会超过30%。其余70%的企业或者保持持平状态，或者在走下坡路。能够持平已经相当不错，大部分企业大概是处于下降状态的，而且我感觉下降的速度越来越快了。

如果我的感觉有误的话，那是再好不过的事情了，但我和企业界的很多同人有过交流，情况并不是太好，整体趋势还是处于下降状态。而且不仅限于商界，各级地方政府的财政状况也不乐观，大家都处于入不敷出的状态。大阪府处于赤字状态，大阪市也是，大阪府下辖的各市镇村都处于赤字状态，而且，大到国家，其实中央政府的财政也处于赤字状态。

大家都是入不敷出，眼前也没有改善的具体方法。如果有的企业亏损，但是有的企业赢利的话，通过相互的商业往来，总会有一个互相影响、互利互惠的结果。但是，如果大家都在亏损，那就都没有什么希望，结果只能是越来越糟糕。目前基本是这样一个状态，用一句话作总结，现在是一个相当令人悲观的状态。

但是，即使我们承认了现实的悲观，情况也不可能就此改善。事实上，我们越悲观，对现实的负面刺激越大，情况会越糟糕。现实情况虽然令人悲观，但是我们必须克服这种悲观情绪，把这种"濒于贫困"视为正常现象，并努力解决这个问题。我认为这是我们现阶段应该持有的态度。

## 接受困难的存在

松下电器从第二次世界大战后到今天，表现一直良好，然而，近来遇到一些问题，进展不太顺利。虽然我们并没有亏损，但利润没有明显增长。与三四年前相比，情况要差很多。所以，各部门的负责人都在不断努力，试图做到最好。但是，我自己的心里有明确的想法：只要不亏损就行。

企业一直亏损下去的话，情况会很麻烦，只要不是这个状态就可以。所以，我自己内心的底线是，公司只要能够保持不亏损就可以。当然，如果我把这个想法告诉下属,他们会松劲儿,所以我保持沉默。不过,今天我在这儿跟大家亮了底牌,也就没法儿保密了。这是我的大实话,设定了这样的底线,我自己是非常放松的。

在过去的十年里我们一直在赢利,如今为了应对现在的局面,我们能承受何种程度的吃老本儿呢?假如有一个亿的储蓄,都花掉的话,当然不应该;但是,花掉20%~30%,应该问题不大。大家如果能够这样考虑的话,就不会过于担心了。

有些公司说它们不能这样做,因为它们长期受债务拖累,如果公司不赢利的话,它们就无以为继了。这样的公司平常没有做好该有的积累,遇到经济衰退的时期,自然很难坚持下去。这是没办法的事情,虽然我也特别为它们感到惋惜。

我们公司多少是有些积蓄的,花掉30%左右的积蓄还是能够承受的,坚持下去,总会有新的可能性吧。这些话听起来可能过于感性,让人感觉不靠谱儿,但如果不这么想的话,似乎也没有什么好办法。

可能有人认为不能这么做，必须多少赚些利润，而且有些公司实际上也在这么做。但是坚持这么做的话，会非常辛苦。老天下雨，人难免会被淋湿，所以会打伞，但是打伞也未必不会淋湿。现在是狂风暴雨，这么大的风雨，没有什么避雨的好办法，那就淋湿一些好了，这样的心理准备是必要的。大家一定有自己的想法，我的想法是接受现实。

## 雨过天会晴

如果能够这样想的话，即使被淋湿一些、损失一些，也能够比较坦然地接受。我们会告诉自己，"好吧，没关系，就这样吧"，于是晚饭也就没有那么食不甘味了。如果不能接受现实，难免会觉得愤怒，无论看到什么，听到什么，都有可能愤怒。人在陷入愤怒的情绪时，更难以想出良策。所以我不断告诫自己，必须有勇气从这个角度看问题。

## 第四章　经济衰退期的心得

诸位面对今天的经济衰退，一定有自己的思考。如今我们正在面临严峻的形势，企业、政府都入不敷出，情况非常棘手。鉴于此，我认真地思考过今天应该跟大家讲点什么，然而没能得出答案。最后我决定，和大家直接讲真相。在大实话的基础上，我希望看到大家的反应，我也希望从大家的反应中获得灵感。

大家现在怎么样？公司运转还好吗？如果有人说"很好，运转正常"，那我会非常高兴，并且愿闻其详。如果和我一样，不想让别人担心，尽可能乐观地表达，静等新的可能性的话，那也和我一样，只能说些平淡无奇的话了。

无论我们如何绞尽脑汁，想出的办法也不一定对应对今天的形势有多大帮助。我们今天面对的局面是，经济衰退、政治混乱。在这个混乱的时期，首先不容易找到应对之策，其次，即使有了一定的想法，也缺乏执行能力。当前实在是一个相当令人无奈的局面。因此，可能需要放空、消磨一两年，随后或许会出现转机。

## 顺应时代潮流

试想一下，日本即使在经济衰退时期放松度日，也不会破产。事情总会以某种方式解决。当我说事情会有结果的时候，我相信不同的行业都会有自己的路径出现，在不久的将来，一定会有解决方法。

个体的力量当然非常重要，虽然我们也要依靠个人的力量进行思考，但是不能拘泥于自身力量。身处时代洪流之中，我们需要考虑如何顺应时代潮流，避免溺水身亡，而无须急于逆流而上，追求快速到达对岸。如果有漩涡，即便被卷入漩涡，只要不随波逐流，终归会有浮出水面的时候。身处其中，我们别无选择，过度担忧无济于事，做好自己该做的，坚韧地坚持下去才是关键。

## 像在看戏

做了上述决定之后，我反而觉得日本今天的混乱状态非常有趣了，我觉得我遇到了一个从未遇到过的时代。换句话讲，就如同我们是剧团的一名演员，在参演一部非常宏大的戏剧。与此同时，我们又是观众，正在一个大剧场里，免费观看世界和日本的动向。这本身就是一件挺有意思的事情，我很享受这个过程。我一边看戏，一边思考谁能演得更好，而且这场戏不需要我缴纳任何税款或者费用。我想我们是可以这样看问题的。

对我而言，松下电器的各种运营就是一出戏，一出戏剧，我首先是看戏的观众，当然有时候，我自己也会站在舞台上，但我试着尽可能把自己想象成只是在看戏的观众。这出戏，光是观看就需要花费很多时间，所以饿了我就吃饭，每天的时间还是挺享受的。

当然，会有问题出现，还是不得不去寻求解决的办法。现实的问题纷繁复杂，不同的问题需要不同的应对之策。想起这些事情，我还是会焦头烂额，还是会气愤难耐，也会食不甘味。有的时候，真会觉得应付不了了。每当这种时候，一旦想起

"一切都是一出戏""眼下的烦恼只是戏剧的一部分",思路就会转变,整个人就会得救。

所以,虽然近来遇到的问题很多,但是我尽可能用不同的眼光去看待,以不同的方式去理解,切换立场,转换思维方式,这样我反而能收获很多不同的理解,看到更多解决问题的路径。

## 企业在支撑低失业率

我今天只是嗓子有些疼,倒也没有其他的大毛病。我的想法大致是这个样子,在座的各位有什么样的想法呢?今天村井先生(村井八郎,时任日东工业的会长)也来参会,刚才交谈时,村井先生告诉我:"松下先生,今天来的人特别多。""是吗?为什么呢?""都想来听听你的讲演啊!""为什么呢?""因为你讲得好啊!现在垂头丧气的人很多,听了你的讲演,大家能精神起来啊。大家都期待着你给大家讲讲有用的话,都相信你的话一定有价值!"听了村井先生的话,我觉得还是有很多人心怀希望的。只要怀有希望,就没有太大问题。

非常抱歉没能满足大家的期望,不过,今天这个局面,即便是神仙也无能为力了。当然,统领国家的首相先生也是如此。

前些天见到首相的时候,我向他表达了困惑:"先生,下一步真不知道会变成什么样子了,目前的状况是相当麻烦的。"他安慰我说:"松下先生,少安毋躁。""您让我少安毋躁,可是现在事态在一步步恶化啊!""没问题,日本没问题。""日本没问题吗?日本真的没问题吗?"首相给我的解释是:"日本真的没问题。日本还没有出现太多失业者,当前美国的失业率是8%~9%,相比较而言,虽然日本国内一直在强调经济不景气,但是失业率只有1%而已。"我立刻反驳说:"这可不是事实。如今,所有的日本公司里都有冗余人员。在我公司里,也有一万人是冗余的。如果我解雇他们,日本马上就会增加一万名失业者。日本的企业实行终身雇佣制,原本应该被裁掉、沦为失业者的冗余人员,如今都是企业在养着。美国公司把不需要的人员都解雇了，这在美国行得通，在日本却很难办到。日本企业哪怕想解雇员工，考虑到员工的困难，最终往往只能放弃。您说起来好像挺轻松，但是按照实际情况的话，日本当下就有三百万失业者了。"首相将信将疑："有那么多吗？"我肯定地告诉他："有那么多吗？您这么说可不对！"目前就是这样一种状态。爹妈是这个样子的话，孩子们也就过得辛苦。

"隔壁的邻居家父亲能干，所以家里有车，房子也漂亮，自己家的父亲不好好工作，连自行车也不给买。"即便如此，也不能换个父亲，只能忍耐了，差不多就是这么个道理了。如果把日本的首相比作父亲的话，这个父亲有些不靠谱。我这样说，听起来是不大好听。

所以，孩子们的处境就会比较糟糕。即便如此，也没有什么办法，这就是我们的宿命了。但是，即使家里有这样的父亲，是不是家就要败了呢？其实也不会败。

第四章　经济衰退期的心得

## 休养生息，静待时机

虽然当"父亲"的多少有些心不在焉，但是没问题。接下来会有靠谱儿的"父亲"出现。所以，在这个问题上完全可以放心。但是，如果大家的柜子里没有明天吃的大米，那是个麻烦，这个准备一定要做好。不过，这点儿准备大家还是有的，现在大家的柜子里都有粮食，而且，很多家庭还有电视机，一般我们称作文明利器的东西，大家的家里都有。不知道是否有一天人们会吃电视，不过，这个不会发生吧？所以，从根本上讲，我们不需要太担心目前的情况，大家都过好每一天，即便经济不好，工作有些闲暇，也不必因此就患得患失。大家不妨静坐观戏，看大千世界风起云涌，陶醉其中。

从今年到明年大致就是这种状态了，"今年冬天会不会变好""明年是否会改善"，这样的问题我基本上不考虑。今年是赤字，明年也是赤字，大部分的企业都维持着赤字运营。其中当然会有赢利的公司，能赢利的公司运营是非常顺利的，这样的公司是例外。一般公司多少会出现赤字，多少会出现亏损，这都是最普通的事情。所以，出现亏损是正常的，能赢利的是例外，在未来相当长的日子里，我们不得不接受这样的现实了。

这样的局面会导致国家税收减少。今年的赤字国债大约是三兆五千亿日元，明年的赤字国债预计会上升到五兆日元，达到这种规模的话，就真没有办法了。到那时候，"父亲"就要更换了，事情就是这么简单。下一任"父亲"上台之后，请他给我们出力出策，然后大家齐心合力，逐渐地，转机就会出现，我们现在只需要等待。

在等待的过程中，我们可以期待地等，可以愤愤不平地等，还可以笑着等，有各种各样的选择。大家可以按照自己的喜好做选择，喜欢读书的人，可以读书；喜欢唱歌的人，可以唱歌……大家只要修养身心就好了。这样的时候，一定不能心情低沉，要好好休息，静静修养，静待时机。我能建议的，就是这些。我们身处的，实在是一个非同寻常的时代啊！

## 停止推卸责任

我说这样的话,当然会有人批评:"你已经赚到钱了,所以才能说这么没心没肺的话。"真不是这么回事儿,大家都是一样的。无论赚到的钱多还是少,眼看着辛苦赚到的钱一点点失去,都是一样的痛苦。所以,大家的痛苦是一样的,到最后,我自己也有些不知该如何是好了。但是,在这种时期,领悟是一件非常重要的事情,我也不知道自己能不能做到,因为这个一般并不容易做到。虽然很难做到,但还是要自己体验到底什么是领悟,什么是明白。

我们必须在心里有充分的余地,"事情就是这样了,结果就是这样了,这个对我而言其实是很好的机会,我应该充分利用这个机会"。能够在内心给自己创造出这种余地的人,接下来会有很大的发展;无法给自己这种余地的人,只能原地踏步。对于原地踏步的人,我们也只能请他离开了。这样的人在过去的三十年里,大概率没有经历过太困难的事情和时期。过去的三十年里，国家和社会出于各种考虑，想方设法地帮助要倒闭的公司，为此还制定了法律，这样的操作当然有其意义。

当年我刚开始经营公司的时候，无论是银行，还是其他的公司，都有倒闭的可能。比如，早晨起来一看报纸，长期合作的银行已经倒闭了。这下坏了，存进去的钱一分也取不出来了。当时政府根本不会在意这些公司破产，也没有公司重组法之类的法律，濒临破产的公司只能破产。那的确是一个冷酷的时代，没有什么情感可言。

如今，社会会想方设法地为公司服务，但往往过于慷慨。太多的同情心常常会让人失去责任感，于是，反而出现了各种怨言。例如埋怨政府政策不好，或者说母公司太糟糕，还有可能说工商会议所不给力。大家都在推卸责任。即使工商会议所工作非常努力，企业仍有可能会这样抱怨，一味地推卸责任。这样的状态已经持续了三十年，今天有一种倾向，大家变得越来越任性，越来越以自我为中心了。

想到这些问题，我反而觉得这次的经济衰退是一剂药，如果我说这是"一剂好药"的话，可能会有人不太能够接受，但是从某些角度而言，我觉得是可以这样讲的。现在的一些小问题，如果放置不理的话，很可能会变成大问题。

## 认清现实，奋发向上

经过上述思考后，我觉得不能再保持现状了，再这样持续下去的话，日本的未来堪忧。现在正是改变的时候，我们需要考虑如何拿出智慧，群策群力，全体国民齐心协力地共同创造一个崭新的未来。现在既是需要考虑的时候，也是需要行动的时候，时机正合适，我认为一切正当时。

如何创造一个更好的国家？如何创造一个更加健全的产业结构？对我们而言，现在是思考这两个问题最好的时机，也是应对这两个问题最好的时机。过去我讲这些话的时候，往往得不到什么回应，现在我觉得我们终于走到这一步了。今年年底或者明年，是我们应该有所作为的时候了。虽然不知道下一次的国会会有什么样的动作，但我认为时机到了。

我们必须考虑，什么是国家真正需要的，我们到底能够做些什么，我们作为个体的责任是什么，作为团体的责任是什么，企业的责任又是什么。理清楚了这些责任，我们就夯实了行动的根基，所以，目前我们应该做的事情就是不断思考自身的责任。

出于这样的思考，我今天来到这里和大家交流，虽然我嗓子不舒服，但还是非常希望能和大家分享自己的思考。

在经济繁荣、歌舞升平的时候，当我主张改革时，根本没有人会放在心上，大家只会觉得我在危言耸听。但是，当人们逐渐意识到我们的国家正在一步步走向衰落，并切身感受到危机的时候，才会愿意静下心来倾听和思考。我认为，领导者必须抓住这样的时机，勇敢地站出来，领导着大家一起克服困难。

第四章　经济衰退期的心得

## 应尽的责任

我一直在思考，明治时代出生的人究竟肩负着怎样的历史责任。1941年爆发了太平洋战争，在那段时期，领导着各行各业、各个阶层的，几乎都是明治时代出生的人。无论是经济界、教育界、军部还是政界，所有领导阶层的核心人物都是明治一代。当时，大正一代的影响力还很有限，昭和一代更是如此。① 所以，领导国家的重任就落在了明治一代的肩上。就像今天在座的各位，也有不少是明治时代出生的人，你们当时都身处领导阶层。

正是在明治一代的领导下，我们发动了那场战争。战争结束后，收拾残局的依然是明治一代，而带领国家重建的，还是明治一代。然而，战后三十年来，明治一代逐渐退居二线，他们说着"我们老了，以后是年轻人的天下了"，就这样逃避了

---

① "明治""大正""昭和"是日本年号，明治时代指1868—1912年，大正时代指1912—1926年，昭和时代指1926—1989年。

责任。如今，领导的接力棒交到了大正和昭和一代的手中。但是，造成这种局面的根源，却在于明治一代。

想到这些，我无法心安理得地就这样退隐下去。作为明治一代，我们必须正视自己的责任，认真反省。就像台上就座的佐伯会长（佐伯勇，时任近畿日本铁道会长）和村井副会长（村井八郎），他们也都是明治时代出生的人，责任重大啊。我自己出生于明治二十七年（1894年），是地地道道的明治一代。所以，我觉得不能再这样下去了，我们明治一代要再次站出来，深刻反省，思考究竟是什么原因造成了今天的局面，并尽力弥补过失，将美好的日本交到下一代手中。我一直在思考这个问题，这也让我无法安心地闭上眼睛。

因此，我渴望再活二十六年。这样一来，我就能跨越十九世纪、二十世纪和二十一世纪，见证三个世纪的风云变幻。我出生于十九世纪末，作为明治一代，我必须承担起自己的责任，也要激励大正和昭和一代的人们行动起来。也许有人会说："你

## 第四章 经济衰退期的心得

还是早点走吧，留在这里只会碍事。"但我相信，大多数人并不这样想。我今天之所以站在这里，就是为了履行明治一代、履行当时领导阶层的责任，怀着赎罪的心情，向大家表达我的想法。所以，从今以后，我们这些老家伙要站出来，不能再像以前那样躲在后面了。我们要把该说的话都说出来，告诉大正和昭和一代的人们什么是对的，什么是错的，直到他们真正理解为止。如果他们不理解，那么我们就活到他们理解的那一天，决不放弃。

如今的时代，人们思考问题只停留在表面，缺乏深入的思考。举个简单的例子，我们那一代人和现在的年轻人成长的历程截然不同。现在的年轻人就像无根的浮萍，长得快，却不扎实。而我在十一二岁的时候，已经被师傅用棍棒教训过，正是在这样的磨炼中，我才逐渐成长起来。所以，虽然我们看起来弱不禁风，但内心却无比坚韧。我们外表随和，内心却有着坚定的信念。想到这些，我就觉得，我们有责任站出来，说出应该说的话，提出应该提出的要求，纠正应该纠正的错误，让这个社会恢复应有的秩序，做到宽严相济、运转有序。如果我们对此视而不见，那就是不负责任。

从这个意义上说，我深刻地意识到了明治一代的责任。既然是明治一代创造了这样的社会，那我们至少要在精神上重拾明治精神。

## 国家需要目标，国是必不可少

日本这样一个国家，如何才能变得更加出色呢？这是我们必须认真思考的问题。我们需要制定一个国家目标，应该明确未来建设一个怎样的国家，要做哪些事情。

明治维新时期，日本有"富国强兵，殖产兴业"的国家目标。当时的目标和方针是通过富国强兵来建设国家，并与世界一流国家并肩共处。

然而，现在我们没有国家目标。日本未来要做什么？要用什么样的方针与外国交往？虽然我们谈论日美友好、日中友好，但是为什么要谋求国际友好关系？没有明确的目的，只是单纯的友好。日本

第四章 经济衰退期的心得

缺少明确的思想，没有可以与其他国家分享并对未来产生积极影响的理念，所以我们没有目标，也无法坚持自己的主张。

中国和日本，国家制度不同，但中国的年轻人眼中充满活力。当你问他们未来的目标是什么时，他们会坚定地说出国家的目标："我们要自力更生，建设一个强大的国家，并引领世界，以积极的方式引领世界。"即使是孩子也会这样说。而日本人则不会，他们不会说："国家有这样的方针，我们要建设强大的国家，并为世界做出贡献。"中国年轻人会说，而日本人不会说。中国有明确的方针，有国家目标，而日本没有。这就是区别所在。

我们需要制定国家目标，国家应明确地告诉国民日本的国家目标是什么。然而现实与之相去甚远，政府无法给出答案。就像孩子问父亲："我们家未来的方向是什么？"父亲会说："我不知道，总之大家先和睦相处吧。"这样的回答，实在让人难以信服。这样走下去是不行的。

日本应该向全世界宣告："我们要做××，这既有利于日本，也有利于世界，因此我们要这样做，你们也应该这样做。"但日本政府却没有这样做，也没有对国民进行这样的教育，因此教育失去了意义，变成了没有方向的教育。日本的学生在大学里浑浑噩噩，实在令人痛心。

我们已经不知不觉地变成了现在这个样子，有些人说这是美国的占领政策造成的，是美国的谋略，但我不这样想。美国可能并没有意识到这一点，所以这可能并非谋略。但日本之所以会陷入这样的局面，正是因为我们自己没有意识到这个问题。

## 发行百万亿日元公债

所以，日本究竟应该做些什么？如何才能让国家走上正轨？我们每个人都要扪心自问，都要深刻地意识到这一点。至少我们明治一代，要再一次用切身的体会去思考这个问题，然后告诉大正一代，大正一代再告诉昭和一代。当然，明治一代也可以

## 第四章 经济衰退期的心得

直接告诉昭和一代，但总的来说，就是要一代一代地传承下去。如此一来，日本才能在精神上重新站起来。不仅如此，我们还要从根本上改变一切旧的看法、想法和做法。

如果能做到这些，资本回收的方式会发生改变，政治的形态也会发生改变。只有这样，日本才能真正地重拾朝气蓬勃的民族精神。如果大家还是只顾着抱怨生意冷清、赚不到钱、下个月发不出工资、无法分红，那就太鼠目寸光了。

我一直主张："要发行公债就发行百万亿日元！"今年的赤字公债是3.5万亿日元。赤字就相当于期票，如果用现金支付，哪怕十日元也行，但既然要开期票，至少也要写个几百万日元吧？哪有两三日元也开期票的道理，未免太小家子气了。所以，如果国家要开期票，要发行赤字公债，那就干脆"发行百万亿日元"！

当然，这百万亿日元不能随便乱花。我们要用这笔钱为日本未来的发展奠定基础，创造就业机会，这可以说是一种先行投资型公债。在未来的二十年里，我们要发行总额为百万亿日元的公债，这样一来，日本就能够重新站起来，而现在正是最佳时机。虽然我说过，现在正是做这件事的最佳时机，但有人却说，这样做会导致严重的通货膨胀，根本行不通。其实，只要我们想办法控制通货膨胀，就一定有办法能做到，方法有很多。我跟他们说了很多，但对方就是听不进去。可见，他们还没达到融通无碍的程度。

## 日本的未来充满希望

现在，日本拥有无限的机遇。美浓部先生（美浓部亮吉，当时的东京都知事）也在不断努力，仅仅是为东京都建设与巴黎类似的下水道系统这一项，就需要数万亿日元和大量的工作，工程的主要材料是水泥。现在很多水泥厂的设备闲置，有一半的机器都停着。真是太可惜了！一方面需要水泥，另一方面水泥厂的机器却在闲置，这是一种巨大的浪费。如果从全国来看，这种浪费更为惊人。不只

## 第四章 经济衰退期的心得

是水泥，还有很多行业都存在这种情况。

考虑到这些问题，我们需要采取一些不同寻常的措施。方法有很多，只要制定一部法律，事情就能得到解决。我们可以规定，"大家都在某个范围内赚钱，水泥的价格不能提高，但想生产多少就可以生产多少。不能通过提高价格来赚钱，但可以通过增产来赚钱"。这样一来，经济就会立刻活跃起来。你可能会说："怎么可能有这种像魔法一样的事情呢？"但如果交给我来做，我就能马上做到。当然，我的工资有些高。

我的话听起来像是在开玩笑，但日本未来真的是一个充满希望的国家，是一个不断发展的国家。虽然我们不能再像以前那样极速发展，但日本拥有坚实的基础，一步一个脚印地前进，必将成为一个无与伦比的强大国家。我们必须清楚地认识到这一点。为此，我们首先要整合彼此的意见，国民要达成共识。我们必须进行充分的讨论，并凝聚力量。只有这样，我们才能集思广益，让国家进一步发展。

日本有 1 亿人口，是一个以单一语言为主的国家。与美国相比，如果美国每人的政治花费为 1000 美元，那么日本只需三分之一的费用就能实现同样的政治效果，这意味着日本的效率更高。美国是一个多种族国家，各种族有自己独特的习俗和思维方式。美国以民主主义的名义，用法律来约束民众，并最终取得了今天的成就。而日本只需要三分之一的费用，就能建立起同样强大的政治体系。因此，日本必然会发展。日本不可能变穷，所有的条件都已具备，它注定要发展。

我们必须清楚地认识到这一点。日本只需要美国三分之一的费用就能实现同样的政治效果。基于此，我们应该改变政治运作方式。这样一来，物价会下降，收入会增加，日本将成为一个真正理想的、美好的国家。

## 重新审视日本的优势

我们不能因为迷茫就放弃寻找前进的道路。即使拥有优良的素质，如果不去探索前进的方向，也是不行的。只要静下心来思考，就会发现其实有无数条道路摆在我们面前。但是，为什么大家都没有意识到这一点呢？因为人们总是只顾眼前利益。

就拿日本至今没有确立国家发展方针这件事来说，国民感到迷茫也是理所当然的。日本明明拥有无限发展的潜力，却因为没有明确的发展方向而迷失，造成了今天这种混乱的局面。现在随处都能听到"怎么办"的哀叹声，我认为现在是时候停下来好好反思，重新出发了。只要我们找准方向，日本就一定能够成为一个强盛的国家。

所以，我们完全不必担忧。我认为，现在正是国民重新审视国家优势的最佳时机。这是一个多么好的时代啊！我们遇到了这么好的时机，就应该好好把握，这才是大丈夫的担当！所以，请大家一定要努力！

让我们一起努力吧！现在可不是抱怨经济不景气的时候，就算只能吃半分饱，也要怀着像领导者一样的气魄和担当，一起去发现国家的优势。只要我们这样做，就一定能够找到解决问题的办法。所以，我们完全不用担心。当然，这些都是未来的事情，就眼下来说，我们还是要做好心理准备，也许只能吃半分饱了。

  好啦，今天晚上，请大家尽情地享用晚宴吧！我的讲话就到这里，谢谢大家！请大家继续努力！

             大阪商工会议所
          第八十四回月例会员演讲会
            1975 年 10 月 8 日
             于大阪商工会议所

第五章

# 谈经营

·即使现在是最好的,也不代表明天依然是最好的。所以,我们至少要每年对销售、生产、广告宣传,以及经营的方方面面进行一次重新审视。

·同样是很优秀的人,为什么有些人会失败,而有些人却能成功呢?根本原因在于,失败者心中有"私",而成功者心中无"私"。

·有些社长,即使是学徒工的话也会认真倾听;而有些社长,却对学徒工的话充耳不闻。那些听不进意见的社长,他们的公司即使现在发展得再好,也终会有衰败的一天。

第五章 谈经营

在座的各位，我是松下，非常荣幸今天有机会在这里跟大家交流。与其说是演讲，我更希望把这次交流当成一次谈话，大家畅所欲言，互相学习。当然，我有很多经营心得，今天不可能全部讲完，我只就其中的一部分和大家分享一下。

正如刚才介绍的那样，我二十岁就结婚了，妻子当时十九岁。那时候，我还在一家电灯公司做工人。说是工人，其实也分很多种，我的工作是检查其他工人生产的产品。在工作中，我产生了一些想法，想改进一下插座的设计。于是，我利用业余时间设计了一种新型插座，并把它拿给公司的技术负责人看。没想到，他们看了看就说："松下君，虽然这个东西是你费尽心思才设计出来的，但是做出来也派不上用场。"

我辛辛苦苦设计的东西，却被说成"派不上用场"，这让我非常失望。虽然这件事就这样过去了，但我心里始终没有忘记。过了一段时间，我又萌生了做点什么的念头。为了实现这个目标，我毅然辞掉了工作，开始自己生产和销售我设计的新型插座。

那是大约六十年前的事了,那时候市面上还没有电器店。即使有,也只是卖一些灯罩之类的,兼卖灯泡、插座等产品。那时候,电器制造和销售还处于起步阶段。我就是在那个时候开始创业的。创业之初,企业规模非常小,微不足道。

如今,随着时代的进步,人们对电的需求越来越大,各种各样的电器应运而生。在大家的支持下,松下电器发展壮大起来,今年的产值预计将达到10.2万亿日元。公司规模越来越大,也逐渐发展成了大家现在看到的样子。其间,我们经历了很多事情,我想从中选取一些对大家有参考价值的片段跟大家分享。

## 加藤大观先生

我开始做生意的时候是虚岁二十四岁,也就是满二十二周岁。五年之后,我的生意逐渐步入正轨。虽然看起来一帆风顺,但经营过程中总会遇到各种各样的烦恼。每当遇到难以决断的事情，我都会去京都拜访一位名为加藤大观的高僧。我与他十分投缘，经常前去拜访，每当遇到困惑之时，我都会向他请教。"先生，我最近遇到了这样的问题，不知如何是好？"他总会为我指点迷津："你这样做比较好……""现在不要做那样的事情。"虽然有人说这是迷信，但我每当无法做出判断的时候，都会去听取加藤大观的意见，然后再结合自己的想法做出决定。就这样，我与他一直保持着来往。

缘分这个东西非常奇怪。有一天，加藤先生突然对我说："松下先生，我想辞去现在的工作，去您的公司专心为您服务，做您的专属顾问。我现在也有一些信徒，我觉得这样也挺好的。但是，如果可以选择的话，我更愿意将我的一生都奉献给您。如果您不介意的话，我想成为您的顾问，为您出谋划策，终身为您服务。"

我听了非常惊讶，便询问他为何会做出这样的决定。他向我解释了原因，但内容比较长，这里就不赘述了。我只说一点，当时加藤先生一边说着，一边流下了眼泪。他竟然哭了！平时都是我遇到难题时才去拜访他，听取他的意见，而那天他却主动提出要为我工作，要将自己的一生都奉献给我，并且还流着眼泪，这实在太反常了。于是我便追问他原因。

加藤先生告诉我，他曾经得到一位权贵的赏识和信任，他也全心全意地为那位权贵服务了四十年。但后来因为一些误会，两人最终分道扬镳。那件事让他感到非常遗憾。虽然他告诫别人，一定不能生气，任何时候都不要生气，但是每当想起那件事，他根本抑制不住内心的情感。每当这种时候，他便去祇园的茶屋喝闷酒，结果把所有的积蓄都花光了。

我感到他那天非常反常。平时我去拜访他，他都会指点我许多事情，比如"这个应该这样做""那个必须那样做""那样做就会失败"等，涉及生意和人生的方方面面。然而那天，他却一反常态，什么都没说。

## 得道高僧也有心乱的时候

"为什么会那样做呢？"我当时也思考过这个问题。看来即使是像加藤先生这样，被认为已经大彻大悟的人，也会因为某些事情而情绪失控，这就是人啊。按理说，无论遇到什么情况，都能够泰然处之，心如止水，这才是真正的得道高僧的风范。加藤先生本应如此，他这次一定是受到了巨大的打击，才会如此失态。他本是一位高僧，有一定的积蓄，也有不少信徒，却因为心中郁结难解，竟然跑到祇园的茶屋去借酒消愁，一年之内就花光了所有的积蓄。就在他内心苦闷、无法排解的时候，我像往常一样，去向他请教问题了。

我当时就想："原来像加藤先生这样的人，也会有情绪失控的时候，这就是人啊。人就是这样，一方面看似坚强，另一方面却又无比脆弱。"这件事让我感受到了人生的奇妙之处，以及人心变化的微妙。于是我对他说："如果您已经下定决心，我非常欢迎您来我这里。只要您不介意，就请来吧。"

我的公司里有一处住所，我便把那里的二楼改建成了佛堂，让加藤先生在那里早晚各做两个小时的修行。他为松下电器的发展、为我的健康长寿而祈祷，就这样坚持了二十年，直到他去世。

每当想到这件事，我就无比感激。能有这样一位高僧为我、为公司祈福，这是多少钱都买不来的福报。而且，这不是我主动提出的请求，而是加藤先生自己提出的心愿。我接受了他的请求，这样的状态持续了二十年。其间，我每天早上都会去佛堂拜祭一次。但无论我去不去，加藤先生都会坚持早晚各修行两个小时，一天一共四个小时。我也时常去拜访他，听他开示。直到现在，我都觉得这是一段非常难得的缘分。

后来，我在公司里建了一座"加藤大观堂"，现在有一位僧人一直在那里守护着。这位僧人已经是加藤先生的第三代传人了。加藤先生去世后，他的弟子继承了他的衣钵，继续守护着佛堂。那位弟子去世后，又有一位员工自愿出家，继承了佛堂。我想，公司的发展如此顺利，或许也离不开加藤先生的庇佑吧。

在这二十年间,我在遇到难题时,再也不用特地跑到京都去向他请教了。因为他就在公司里,只要一有空,我就会去佛堂找他,跟他聊聊公司里发生的事情,说说我的困惑。加藤先生虽然不是生意人,但我经常会从佛法的角度向他请教一些经营上的问题。他总是说:"我对经商一窍不通,但从佛法的角度来看,应该……"我会把他的话运用到我的经营实践中,就这样一步步走了过来。

## 决策不能被"愤怒"左右

今天,我就跟大家分享其中一个例子。那是1935年前后的事情,当时各家制造商之间的竞争非常激烈,经常陷入恶性竞争的泥潭。我一直主张,竞争要适度,避免过度竞争,并一直以此为信条来经营公司。然而,那一次,我们也不得不卷入了这场竞争。我当时心想:既然对手把价格压得那么低,那我们也可以!于是,我决定跟他们打价格战。不过，为了慎重起见，我还是决定先去问问加藤先生的意见。

打个比方，假如一种商品的市场价格是10日元，我的公司也是以这个价格出售的。但随着竞争越来越激烈，有些公司竟然开始以8日元的价格出售这种商品。这样的价格已经低于成本价了，是在亏本出售。我一直认为这样做并不可取，所以一直咬牙坚持着。但是，情况并没有得到改善，客户们纷纷开始抱怨："为什么你们公司的产品这么贵？其他公司都降价了，再这样下去我们就不买了！"

面对这种情况，我不能再坚持"不降价"了。眼看着老客户都被竞争对手抢走，公司陷入了困境。我心想：既然价格是决定商品销量的关键因素，那我们只能降价竞争了！然而，我还是决定先去问问加藤先生的意见。我对他说："先生，我一直在努力忍耐，但现在实在忍无可忍了。我决定也要降价，跟他们竞争到底！"

没想到，加藤先生却说："哦？是吗？我当然希望我能说'那你尽管放手去做吧！你是个男人，不能眼睁睁地看着自己的公司被击垮！'，但我不能这样说。因为你想做这件事的出发点是'愤怒'。带着愤怒去做生意，是不可能成功的。所以，我劝你还是放弃吧。如果你只是一个人单打独斗，那你想怎么做都行。但你现在是公司的领导者，手下有上千名员工，他们的生计都掌握在你的手中。因为一时冲动就发动价格战，那只是匹夫之勇，而不是将领的担当！所以我劝你三思而后行。"

我仔细一想，的确如此。我现在手下有上千名员工，他们的生活都依赖着公司。如果我因为一时冲动就加入价格战，最终不仅会损害自己的利益，还会影响整个公司的发展。

加藤先生接着说："作为领导者，不能被一时的愤怒冲昏头脑，更不能因为个人的情绪而做出决定。你应该为全体员工着想，忍耐再忍耐。你们商人总是认为，只有降价才能卖出商品，但事实并非如此。价格高了，自然会有一些客户流失，但这只是暂时的现象。总有一天，他们会明白你的产品物有所值，会重新选择你的。所以，既然你问我的意见，那我只能劝你放弃降价的想法。"

听了这番话，我虽然心中依然愤愤不平，但还是冷静了下来。我意识到，既然我已经是一家之主，就不能再意气用事了，更不能因为个人的愤怒而做出决定。于是我放弃了降价的想法，继续坚持自己的原则，并且更加注重维护客户关系，尽心尽力地服务好每一位客户。结果，不出半年，那些流失的客户又都回来了。他们说："我们尝试过其他公司的产品，发现还是你家的产品最好。"最终，我没有降价，却赢得了市场，正如加藤先生预言的那样。

## 身居高位者的责任

就这样，我的经营理念逐渐成形。我与加藤先生有缘相识，承蒙他为了我和公司倾尽一生，早晚诵经祈福，我的眼界才得以打开，走到今天这一步。为了供奉加藤先生，我在公司里建了"大观

## 第五章 谈经营

堂",至今仍在祭奠他。

这件事让我明白,身居领导者位置的人,哪怕只领导着五六十人,也不能再一意孤行,只凭自己的想法做决定了。你的一言一行、一举一动都关系着别人的命运。你必须时刻牢记自己的领导者身份,肩负起重大责任,这样才能做出正确的决定。我也是在那时才真正明白这个道理的。

在座的各位,有的已经身处领导岗位,有的即将成为领导者,我认为这个道理对大家都适用。我之所以跟大家分享这段经历,是想告诉大家,我以前也犯过错误,也曾想过为了竞争而选择降价。但从那以后,我再也没有进行过类似的价格战。我会认真思考什么是正确的做法,一旦确定了目标,就会坚持到底。当然,仅依靠我个人的力量是不够的,为了让大家理解我的想法,我会真诚地向大家解释,请求大家的支持,就这样一步一步地走到了今天。

我认为,正因为自己虚心听取了加藤先生的教诲,才走上了成功之路。虽然加藤先生在第二次世界大战后不久就去世了，但他当时的音容笑貌、谆谆教诲，至今仍深深地印在我的脑海里。直到今天，每当我遇到需要抉择的时候，我依然会想起他曾经的教导，并从中汲取智慧和力量。

德川家康也有一位叫作天海僧正（高僧）的人生导师。德川家康经常向天海僧正请教问题，征求意见，最终才统一了天下，这段佳话至今仍被人们传颂。由此可见，一位可以倾诉、可以信赖、可以请教的前辈或导师是多么必要。虚心听取他们的意见，才能让自己的人生道路走得更加顺畅。我认为，对于所有心怀大志的人来说，这都是至关重要的。

正因如此，松下电器之后的发展方向，总体来说，更加注重精神层面的建设，而不仅仅是物质上的追求。

我在担任公司社长期间，每个月都会抽出时间，跟员工们谈谈心，聊聊公司发展过程中遇到的各种问题。今天，我特地带来了一些当年的讲话稿，想跟大家分享一下。我想让大家知道，在那个年代，我都跟员工们说过些什么。最近，我发现公司内部的这种氛围淡薄了许多，所以我决定重新发扬这种精神，并将当年的一些讲话稿刊登在公司内部刊物上。今天，我就节选了其中的一部分内容，希望大家能够认真聆听。

（对秘书说）麻烦你，帮我把这部分念一下。

## 产品本身就是最好的招牌

在思考松下电器的未来时，我认为除了现有的经营理念，我们还需要一种更加极致的理念，这种理念可以用"一品主义"来概括。也就是说，我们要专注于打造精品，把每件产品、每一份工作做专做细。我认为，我们的工作方式也需要做出相应的改变，集中精力，精益求精。

如果我们能将这种理念贯彻到底，即使是同样的产品，也会呈现出完全不同的面貌，焕发出新的生命力。我认为，只有做到这一点，才能在真正的意义上实现日本的开放型经济。

从这个角度来看，松下电器目前的业务范围过于宽泛了。过去我们生产十种产品，每一种产品都有其存在的意义。但如果我们将资源集中到一种产品上，其成果，从数量上来说，会是原来的十倍。也就是说，我们应该将十种产品精简为一种，然后努力让这一种产品的产量增长到百倍。

我认为，我们必须在公司内部树立"一品主义"的理念，并且将其推广到日本经济界和整个社会。否则，日本的开放型经济很可能会以失败告终。

前几天，我有幸与本田技研的负责人本田宗一郎先生进行了一次交流。他跟我谈到了本田的收款方式：产品发货后十天内必须以现金结清货款，如果三次催款后仍未付款，则停止与对方交易。我感到非常好奇，是什么原因让本田能够成功推行这种看似严苛的制度呢？我想，首要原因一定是产品本身的卓越。正因为产品质量过硬，即使在如此严格的付款条件下，客户也依然愿意购买。

如果产品本身没有过硬的质量，即使本田先生提出苛刻的要求，也不可能得到客户的认可。幸运的是，本田公司生产出了优秀的产品，并在此基础上建立了完善的销售策略，最终取得了巨大的成功。本田先生告诉我，今年上半年，本田的出口额已经达到了100亿美元！

我听后，内心充满敬佩之情。这正是未来日本企业所需要的精神。正如我之前所说，日本企业必须专注于打造精品，然后以量取胜。这样才能在激烈的市场竞争中立于不败之地。然而，目前的情况却与之背道而驰。

那么，松下电器应该何去何从呢？我认为，未来的松下电器也必须走"一品主义"的道路。当然，缩减现有部门并不现实，但是未来发展必须坚持走"一品主义"路线。

我认为，这对于松下电器来说是至关重要的。对于整个日本产业界来说，如果不能实现这种转变，就很难在开放型经济的浪潮中取得成功。那么，松下电器是否具备这样的实力呢？我认为，我们至少在某些领域已经具备了这样的实力。既然能在某些领域做到，那在其他领域就一定也能做到。只要我们坚定"一品主义"的信念，并持之以恒地努力，就一定能够实现目标。

（1963年11月，于会长生日会上）

正如大家所听到的，这些话是我在参观完本田先生的工厂，并与他进行了一番交流之后，回来跟大家分享的。十多年前，我就在公司内部说过这些话。今天，我把它们刊登在公司内部刊物上，就是希望大家能够时刻牢记"一品主义"的重要性。

在参观本田工厂的时候，我亲眼看到了他们是如何执行这种严格的收款制度的。一般来说，这种做法是很难推行的，但本田先生却做到了。因为他对自己的产品充满信心，他相信产品的质量就是最好的招牌。正是凭借这种对产品的自信，以及对"一品主义"的坚持，本田先生才最终取得了成功。他完成了一件看似不可能完成的任务，在大家都不看好的情况下取得了成功，这让我深受触动。虽然我们不一定照搬本田的做法，但一定要学习他这种精益求精、追求极致的精神。我们也要尽力做到最好，即使形式有所不同，也要将这种精神传承下去！所以，我一回到公司就迫不及待地跟大家分享了这件事。这些内容后来被记录下来，今天我又把它们刊登出来，希望对大家有帮助。

好，请接着读下面的部分。

## 虚心学习

我们公司有一家叫作"松下电子工业"的企业，是与欧洲最大的弱电公司——荷兰的飞利浦公司合资经营的。松下电器出资70%，飞利浦出资30%，双方进行合作。这家公司成立于八年前（1953年），当时公司所在地还是一片荒凉，而如今已经发展得相当繁荣了。

当时，我强烈地感觉到，日本的电子工业无论如何还很薄弱，必须引进美国或欧洲的先进技术来充实它。这一点也同样适用于松下电器。也就是说，我们必须脚踏实地地进行研究，实际上我们也一直在这样做。但是，研究这个东西，很难说十年后能取得多大进展。研究必须持之以恒，但并不是所有的研究都能成功，都能结出硕果。

所以，我们一方面要自己进行研究，但另一方面，也不能忽视技术在实际应用中取得的成果。无论是美国、欧洲还是印度，只要是先进的，我们都要学习。要向先进的人学习，向先进的国家学习，然后不断成长。

大家能够成长到今天，也得益于这种学习精神。没有人能够完全依靠自己成长。各位所掌握的优秀学识，也都是从先进的老师那里学到的。现在，大家终于成长得略具雏形了。说"略具雏形"或许有些失礼，但实际上确实如此，可以说大家现在已经成长起来了。

综上所述，一边向比自己更先进的人学习，一边提升自己，这才是最正确的原则。

（1961年4月，新员工入职培训）

## 第五章 谈经营

当初我们与荷兰的飞利浦公司合作成立合资公司"松下电子工业"时，发生了一件很有趣的事。这件事距离现在已经过去十年了，今天我来和大家分享一下。在松下电子工业成立前夕，我第一次去欧洲，参观了飞利浦公司。当时，我被他们先进的技术所吸引，心想无论如何都要从这家公司引进技术，于是便立即提出了引进的请求。对方表示"非常乐意"，事情很快就谈妥了。

然而，当谈到具体的条件时，却遇到了阻力，对方提出的条件非常苛刻。首先，我们决定以6.6亿日元的注册资金成立这家公司，对方出资30%，但实际上他们一分钱也不出。因为对方提出，除70%的注册资金外，松下电器还应与之签订技术转让协议，并支付其相当于注册资金总额30%的技术转让费。飞利浦公司实际上不收取这部分技术转让费，而是用这笔钱冲抵自己应出资的30%注册资金，视作其已出资。所以结论就是，他们一分钱也不出。

支付完这笔技术转让费，是不是以后就能免费使用飞利浦的技术呢？并不是。他们要求从日后的营业额中抽取 4.5% 作为技术使用费。对于飞利浦而言，这真是一笔稳赚不赔的生意。之前我就听说荷兰人很精明，但没想到他们竟然如此精明。但是，既然我们想要获得他们的技术，就不得不答应他们的要求。于是，我仔细考虑了一番。当时，松下电器这个母公司拥有 5 亿日元的资本金，而这家合资公司拥有 6.6 亿日元的资本金，也就是说，我们必须用相当于母公司所有资本金的资金来投资，并且还要把 30% 的股份作为技术转让费送给对方。尽管如此，我还是认为这样做值得，所以最终决定去做。

## "经营指导费"的由来

当时，松下电子工业的经营管理由松下电器负责。虽然对方一分钱也不出，但我们会将支付的技术转让费再投资到合资公司，就相当于他们也出钱了。作为技术引进的重要环节，他们会派两名技术

## 第五章　谈经营

人员过来。只派两个人带着技术过来，剩下的资金和经营管理全部由我们负责。这笔账我怎么算都觉得不划算，于是提出：你们提供技术，我们负责经营，所以你们必须向我们支付"经营指导费"。

"哪有这种道理？飞利浦公司向全世界那么多合资公司提供过技术，从来都是理所当然地由对方负责经营。那是你们自己的公司，自己经营自己的公司，为什么要我们支付经营指导费？"他们表示无法接受我的要求。但我据理力争："这不一样。就算你们提供了技术，如果我们经营不善，本来可以赚100万日元，也可能一分钱都赚不到。而我擅长经营，就算支付了经营指导费，你们也不会吃亏。"我当时非常努力地跟他们解释，最终他们同意了。他们可能觉得从来没有人提出过这么"无理"的要求，但仔细想想我的话也不无道理：如果跟不靠谱儿的公司合作，可能连技术转让费都收不回来；但如果经营得当，技术就能发挥作用。于是他们最终答应了，并同意支付3%的经营指导费。

就这样，我们签署了协议。当时，飞利浦公

司占股30%，约2亿日元。我们原来计划的做法是，将这2亿日元直接打入合资公司，然后把相应的股票交给飞利浦。但是，对方不同意。他们说："必须先把这2亿日元汇给我们。"这就是他们的厉害之处。我说："这没有必要吧，我直接把钱打到合资公司的账户上，然后把2亿日元的股票登记在你们名下不就行了吗？汇款还要手续费，多麻烦啊。"但他们坚持说："不行，我们必须亲眼看看这笔钱。"他们想实际看一下这笔钱。真是了不起，竟然做到这种地步。当时我非但没有生气，反而觉得他们很厉害。像他们这样的公司，要亲眼确认这2亿日元，然后才会说："好吧，2亿日元确实存在，现在可以汇回去了。"

我当时就想，难怪他们能发展成为如此庞大的公司，果然有一套。仅确认款项这一点就令我十分钦佩，我从中学习了宝贵的做事方法。我很庆幸能和这样的公司合作。

就这样，合资公司成立了。幸运的是，公司经营非常成功，如今资本金已经达到110亿日元，准备金达到 300 亿日元。在这 20 年间，我们向飞利浦公司支付了大约 350 亿日元的利润分成。当然，我们自己赚得更多，所以并没有吃亏。在与飞利浦合作的过程中，我印象最深的就是确认 2 亿日元这件事，它教会我：在任何事情上都要一丝不苟、认真对待。

## 精益求精

最近，我发现松下电器各工厂的生产流程在大家的努力下，已经取得了相当大的进步。但是，我了解了两三家日本国内其他代表性企业和工厂的情况后，感觉和它们之间还是存在差距的。造成这种差距的原因有很多，其中之一我认为是松下电器的产品相对比较好卖。毕竟，在竞争激烈、销售困难的情况下，企业才会被逼迫着想尽一切办法，不断地推陈出新。

最近我回顾了一些工作，发现有些产品的价格已经三年没有降下来了。我认为，原则上来说，产品价格在三年内保持不变是不正常的。我之前也反复强调过，去年，丰田汽车公司曾要求我们将车载收音机的价格一次性降低20%。当时，松下通信工业公司感到很为难，但我们也明白，如果日本汽车想要在海外市场竞争，以现在的质量和价格是无法与其他国家竞争的。于是，我们决心以丰田提出的价格，在保证利润的前提下生产出新产品。经过努力，我们最终成功地满足了对方的要求，并且还保证了自身的利润。

如果当时我们认为日本汽车在海外市场没有竞争压力，那么丰田公司就不会主动要求降价，我们也不会面临如此大的压力，更不可能实现如此大幅度的降价。

但我们成功了。联想到这件事，我盘点了其他部门的情况，发现有些产品的价格竟然三年都没有降下来了。这并不是因为这些产品已经做到了极致，没有降价的空间，而是因为这些部门还处于研究阶段，甚至可以说还有很大的改进空间。仅仅因为产品卖得好，就没有任何改进措施，这种状态是非常不应该的。

我认为，我们必须不断地生产出更好的产品，不断地降低价格，这可以说是我们的最高指令。但有些部门对这条指令视而不见。长此以往，松下电器将停滞不前，甚至会被社会淘汰。如果松下电器因为这样而被淘汰，那也是咎由自取。

我们始终认为，不断追求、创造更好的产品，不断改进、淘汰不好的产品，才是企业生存发展的根本之道。

如果全世界对日本企业的要求更加严格，那么日本的产业将会发展得更快，我们也会在不断的锤炼中取得更大的进步。想到如今的松下电器内部，竟然出现忘记了这一根本原则的现象，我非常担忧，希望大家能够认真思考这个问题。

（1964年5月，创业纪念日招待会上）

大家应该都知道，我们公司一直在为当地的丰田汽车公司供应车载收音机。正值贸易自由化浪潮正盛的20世纪60年代前期，有一次，我因为公事前往位于横滨的松下通信工业株式会社,这家公司正是生产车载收音机的工厂。

到了公司后,我发现社长和其他管理层人员正在开会。我走进会议室,问他们:"在开什么会呢?"他们回答说:"丰田公司突然要求我们大幅降价。他们现在想要全力以赴地出口汽车,参与国际竞争,所以必须进一步降低成本。因此,他们要求我们降低车载收音机的价格,而且要求非常苛刻。我们正在讨论如何应对。"

"他们要求降多少?"我问道。"20%。""20%可不是个小数目,能做到吗?""绝对不可能。""现在这款收音机的利润率是多少?""只有3%。""只有3%的利润率,再降价20%,那不是要亏损了吗?""是啊,所以我们正在为此发愁呢。"

我当时说:"话虽如此,但我认为丰田公司的要求合情合理。从目前的社会形势来看,为了出口汽车,丰田公司必须尽一切可能降低成本,所以他们会提出这样的要求,也是理所当然的。如果我是丰田汽车的经营者,我也会提出同样的要求。我们当然要配合丰田公司，但更重要的是，我们要从更高的角度出发，为日本产业的未来着想，找到解决问题的办法。我们必须在保证产品性能不下降的前提下，降低20%的成本，并且还要保证10%的利润率。我们必须彻底转变思路，重新设计这款产品。"我还说，"3%的利润率太低了，这样下去松下电器就会完蛋"。

听了我的话，他们决定按照我的想法去做。

## 彻底转变思路才能绝处逢生

过了大概半年，我又去松下通信工业株式会社询问后续情况。他们说，多亏了我的建议，他们现在已经成功地降低了价格，并且把利润率提高到了10%，和我预想的一模一样。我当时就说："看吧，我就说能做到吧！"丰田公司对结果非常满意，而我们公司的利润也比以前高了。

如果当时丰田只要求我们降价5%或6%，我们可能就不会想方设法改变思路，而只是在现有的基础上想办法降低成本，那样就很难达到目标。但如果他们要求我们降价 1/3，甚至 50%，这在一般情况下是不可能做到的。正因为如此，我们才不得不彻底改变思路，从根本上进行改革。也正因为我们接受了这个看似不可能的挑战，最终才获得了成功。本来只有 3% 的利润率，还要降价 20%，这听起来简直是天方夜谭。但我们还是接受了这个挑战，因为我们相信一定有办法在降价的同时还能提高利润。结果确实如此，我们做到了。现在，我们公司每年向丰田公司供应价值约 150 亿日元的各种产品，它已经成为我们非常重要的客户，而这一切，都缘于当年那场"激烈交锋"后，我们做出的改变。有付出才能有回报。

如果当时丰田只是说"能不能便宜 5%"，我们可能不会答应。但他们提出了"必须降价 1/3"的要求，我们也应声接受了挑战。因为我们明白，这不是丰田公司单方面的要求，而是日本整个产业的要求，是我们为了未来发展必须应对的挑战。我们必须成功，必须将产品出口到海外，这样才能让日

## 第五章 谈经营

本在国际竞争中立于不败之地。最终我们也证明了，只要方法得当，没有什么是不可能的。

没有什么事是绝对做不到的，关键在于你如何思考。当然，我并不是说要把产品免费赠送，那是不现实的。但是我们在赚钱的同时，应该持续地、灵活地思考，也许有办法让利润率更高一些。

记得我走进会议室，了解到他们在为降价的事情发愁时，我一点也没有感到为难，反而觉得这是理所当然的要求。因为在当时贸易自由化的背景下，丰田公司如果不努力降低成本，提高竞争力，就会被海外汽车企业打败，日本汽车工业也将面临灭顶之灾。所以，他们提出这样的要求也是理所当然的。我当时就想，我们必须满足丰田公司的要求，而且还要想办法保证盈利。为此，我们必须改变思路，重新设计产品。最终，我们做到了。

我把这件事写下来，并在十年后的一次会议上分享给了大家。最近大家似乎有些松懈，所以我把这篇稿子找了出来，打算在这个月再跟大家分享一次。

## 了解过去很重要

松下电器自创业以来,至今已有四十三年的历史了。在这四十三年中,我们始终秉持着"开展更好的事业,提供更优质的服务,制造更优秀的产品"的理念,在各自的工作岗位上倾注了全部心血。正是这份努力,造就了松下电器今天的发展和进步。我一直担任着掌舵人的角色,获得了很多支持和帮助。

我认为,我的领导方向总体来说是正确的,并没有出现重大的偏差。但是,仅仅方向正确是不够的,还需要大家齐心协力,奋勇拼搏,才能推动企业这艘大船不断向前。如果没有过去松下电器每一位员工的辛勤付出和无私奉献,就没有松下电器今天的成就。过去的松下人,对工作尽心尽力,这才有了如今杰出的松下电器。

去年,松下电器的出口额达到了 100 亿日元。在日本的家电行业中,只有松下电器一家企业实现了单是电器产品就达到 100 亿日元的出口额。虽然

## 第五章 谈经营

我们有很多同行,但他们的出口额远不及我们。此外,我们在日本国内的销售额也接近1000亿日元。总的来说,我们的生产销售总额达到了1050亿日元。在轻型家电领域,我们已经成为日本第一的企业。

对于这些年来取得的成就,我希望新加入的各位能够有清晰的认识。相信大家进入松下电器后,已经参观过公司内部的各种设施,今后也会有机会参观更多,其中不乏一些先进的、完善的设施。但是,大家要明白,这些设施在四十三年以前根本不存在,是我们一步一步建设起来的。我希望大家充分认识到这一点。

我认为,各位今后工作的第一步,就是要了解公司的历史。不了解过去,就无法创造未来。过去的历程弥足珍贵,是我们宝贵的财富。新员工最重要的使命,就是在了解历史的基础上,思考如何创造更美好的未来。

各位现在作为新员工,需要接受前辈的指导,努力工作。但随着时间的推移,两三年、五六年或者十年之后,你们也将成为指导者,带领新人前进。到那时,你们的指导理念从何而来?来源当然有很多,但我认为,其中最重要的一点,就是公司的历史。请大家从中汲取智慧和力量,形成坚定的信念。

(1961年4月,新员工入职培训)

这段话是我在新员工刚入职时对他们讲的,我想借着这个机会,让大家了解一下我当时的想法。这一点无须过多解释,很多公司都在做。我认为,让员工清楚地了解公司的历史是非常重要的。

近年来,日本的传统精神正在逐渐淡化,这是因为战后日本在历史教育方面做得不够,没有很好地传承历史,导致了当今社会的混乱。

最终,精神文明的建设也因此受到了阻碍,人们的精神世界日益空虚,没有斗志,精神萎靡不振。我认为,这是因为我们没有认真学习历史,没有在历史的基础上构建新的民主主义社会。

在我的公司里,我非常重视对员工进行历史教育。我希望他们能够了解前辈们付出的艰辛努力，了解公司的发展历程，并在这样的基础上开展工作，将这种精神传承下去，让它深入内心。我认为，现在的日本也需要加强历史教育。日本有着悠久的历史，我们应该用现代的视角，以符合新时代民主主义精神的方式，向国民讲解历史，重塑日本的传统精神。正是因为我们在这方面做得不够，才导致了当今社会精神文明的匮乏。

我认为，这种情况必须改变。我们应该加强历史教育，让更多人了解日本的历史。虽然历史上有过黑暗的时期，但也有很多值得我们学习的闪光点。如今，日本人对本国历史的了解越来越少，我认为这是一种错误的倾向。我希望，在我的公司里，大家认真学习公司的历史，并在历史的基础上不断产生新的想法，让公司发展得越来越好。

接下来，我们谈谈下一个话题。

## 宝椅子的成功

大家可能不太了解，有一家名为"宝椅子"的公司，专门生产理发店用的椅子，而且只生产这一种椅子。前些日子，我去这家公司参观学习。据老板介绍，他们的产品占了日本全国市场份额的80%，未来甚至有可能达到100%。

宝椅子的产品现在还大量出口美国，在美国越来越受欢迎。他们还计划进军欧洲市场，并在比利时建设一家专门生产椅子的工厂。看到他们将业务拓展到全球，我感到非常惊讶，同时也感受到，只要方法得当，专注做好一件事，就能取得成功。这么做的人真的很了不起。

理发店用的椅子原本是从国外传入日本的，而宝椅子却专注于生产这种椅子，并最终用自己的产品替代了全世界的同类产品，他们将毕生精力投入这一事业，并取得了巨大的成功。

还有一件事让我感到惊讶，那就是他们的厂房。老板在45年前，也就是21岁那年创业时建造的厂房，至今仍在使用。这栋厂房并不豪华，也不是什么现代化的建筑，但工厂内部的运营井井有条，使用的机器设备也都经过精心设计，处处体现着节省成本的理念。他们虽然已经进军全球市场，占有了大量市场份额，获得了丰厚的利润，但仍然坚持使用45年前的厂房，而且工作效率丝毫不受影响。这一点也让我深受启发。

我当时就想，他们已经如此成功，利润如此丰厚，如果将厂房翻新，建造更加气派的现代化建筑，不是更能吸引外国客户，提升企业形象吗？于是我就向宝椅子的老板提出了这个建议。但老板却说："就算不翻新厂房，我们的产品照样畅销。因为市场上除了我们的产品，没有更好的理发椅了，所以不愁卖不出去。客户只需要关注我们的产品质量就好，厂房的外观并不重要。"听了他的话，我对他更加敬佩。这也让我意识到，专注于做好一件事，也能成就一番伟大的事业。

我认为，如果宝椅子公司不是只专注于生产理发椅，而是涉足各种家具制造的话，他们或许就无法取得今天的成就。正因为他们几十年如一日地专注于理发椅这一领域，不断进步，精益求精，才打造出了一个世界级的企业，并且获得了丰厚的利润。他们的成功故事让我深受感动，也让我开始反思松下电器的经营管理，思考未来的发展方向。

（1964年7月，全国销售公司、代理店社长恳谈会上）

我经常会去参观其他公司的工厂，希望能够从中学习到一些东西。每当我觉得某个工厂值得学习的时候，我都会提出参观请求，即使现在也依然如此。每次参观，我都能发现一两处值得松下电器学习的地方，我都会带着感激之情认真学习。回来之后，我会把这些值得借鉴的地方分享给大家，并提出改进建议，需要的话还会召开专门的会议进行讨论。

我认为，无论是我的公司管理，还是各位正在经营的事业，都不可能永远保持最佳状态。即使现在是最好的，明天也可能会被超越。正因为如此，我们才要时刻具有危机意识，至少每年都要对自己的经营管理进行一次重新审视。无论是销售、生产、广告宣传，还是整体的经营策略，都需要不断反思和改进。

在进行反思的时候，我们可以依靠自身的智慧和经验，也可以听取外界的意见，还可以参考国外的文献资料，甚至可以派人去实地考察学习。总之，我们要根据自身情况，采取多种方式进行反思和改进。只要我们坚持这样做，就一定能够不断进步，甚至在两三年内实现超越。

## 经营者导致公司倒闭

昨天我看相扑比赛。在比赛中，有些不被看好的选手赢了，而一些被寄予厚望的选手却输了。我试着分析其中的原因，发现还是因为"松懈"二字。也许是因为训练懈怠，也许是因为饮酒过度，总之，失败一定是有原因的。所以，即使是看一场相扑比赛，我们也能从中悟出一些道理：失败必然有失败的原因，企业经营不善也必然有其原因。而这些原因，往往是自己造成的，而非他人强加的。

我经商六十余年，接触过许许多多的客户，与成百上千家企业有过直接的业务往来，也了解这些企业的经营状况。其中绝大部分企业，最终都走向了倒闭或衰败。那些经营不善的商店和公司，大多是自己一手造成的。

我认为，公司经营不善，大部分原因在于经营者自身，或者说在于那些拥有决策权的高层管理人员。然而，他们往往意识不到这一点，还以为自己在兢兢业业地工作。他们一边努力工作，一边感叹公司业绩不佳，但是在我看来，他们才是导致公司走向衰败的原因，我真想提醒他们一句：你这样做，其实是在亲手毁掉公司！

工会要求涨薪，引发各种问题，但我认为，这并不是导致公司倒闭的根本原因。真正导致公司倒闭的，往往是那些一心想要把公司做大做强，却忽视了经营本质的社长。国家也是如此，一个国家的兴衰，很大程度上取决于这个国家的领导者。

## 聪明人反而危险

聪明人可以创办公司,振兴国家;同时,聪明人也可能导致公司的倒闭和国家的毁灭。平凡的人不会创办公司,但也不会让公司倒闭,他们会平稳地过日子。因此,聪明人非常危险。一方面,他们带给人希望;另一方面,他们又极其危险。所以,这是一件有趣的事情。毁灭国家的聪明人和振兴国家的聪明人之间的差距有多大呢?几乎是一张纸的差距,甚至比这还小。然而,正是这细微的差距造就了繁荣和毁灭两种截然不同的结果。

因此,在任命经营者时,如果对方太聪明,虽然可以期待他做得很好,但也必须考虑到他可能会毁掉公司。如果你打算任命某人为厂长,觉得这个人很可靠,认为不会有问题,同时也必须考虑到因为他太聪明,所以可能会毁掉公司。一个平凡的人,不太可能会毁掉公司,也不太可能会成功,他大概率只会平稳度日。用人是非常有趣和微妙的事情。因为聪明而觉得安心,这是错误的。实际上,聪明的人更危险。因为聪明人往往会独断专行，而这往往会导致失败。

## 最终的差别在于"私"的有无

我过去一直在做管理工作，经历过许多事情，总体来说还算顺利，但偶尔也会失败。

同样是可靠的人，成功与失败的区别到底在哪里呢？我深入探究后发现，失败的人身上有"私"，而成功的人则没有"私"。智慧是相同的，但只要稍微掺杂些私心，就会产生巨大的差距。

即使是国家首相，即使是政治家，不管这个人多么优秀，一旦掺杂了私心、私欲，就肯定会出问题。成为一国首相的人，必须是一个完全没有私心的人，这样才能真正取得成功。公司总裁也是如此，存有私心是不行的。我们自己也一样，如果存在私心，就会失败。

我一直在提醒自己，要摒弃私心，要将"私"封锁起来。公司是天下公众托付的责任，应该尽情

## 第五章 谈经营

去做,无须顾忌。但是,"私"不能出现。即使这样想着,仍会有掺杂私心的危险,所以我一直在与自己斗争。

我现在虽然过着隐居般的生活,但并非完全隐居,我仍然在思考。思考就会出现"私",即使想着要为公司做事,也不由得会同时想着要为自己做事。意识到这一点后,我会努力克制,但刚刚打碎,下一秒私心又有可能出现。欲望这种东西,真的无法彻底消除。因此,我不断与自己斗争,与私心斗争。

像我这样上了年纪的人,尚且会有"私"这种个人欲望。因此,像你们这样年轻力壮、精力充沛的人,会在各方面更加自我。你们应该思考如何克制这种私欲,以及如何发挥公欲,这是你们需要面对的矛盾。我如今已经八十岁了,仍然在公与私之间不断斗争,这让我看到了希望。实际上,我认为欲望不可避免地会再次出现。

欲望分"公"的欲望和"私"的欲望,如果能够始终将私欲控制住,就能取得非凡的成就。我自己也是这样,即使知道某些事情作为"公"的人不应该做,但是下一秒,还是会冒出私欲。所以,对人类而言,摆脱私欲的确是一件非常困难的事情。

就像我之前说过的,我在加藤先生身边学习了二十年,虽然没有正式拜师学艺,但得到的教诲却很多。我做了二十年,但私心私欲还是会时不时冒出来。我自己能够意识到这一点,然后就努力克制自己。但是,即使克制了,它还会再次出现,这就是困难所在。我认为这种事情会伴随我终生,但我希望能够在生命结束之前,尽可能地压制住它,成为一个优秀的人。

## 经营者的责任意识是走出困境的关键

现在的日本,无论是企业经营、商业,还是国家管理,都处于一个至关重要的时期。在这个时期,稍有不慎,日本就会走向不可知的未来。然而,如果能够摆脱这个困境,获得某种顿悟,或者

## 第五章 谈经营

说,作为国家,作为公司,能够掌握某种经营理念,那么日本就会变得非常美好。我认为,国家现在正处于这样一个重要的时期。

因此,每个人一言一行都应该充满责任感,要意识到自己的责任。责任感的重要性,不仅仅在于自身,更在于它与整体息息相关。我认为,日本作为一个共同体,每个人都必须高度自觉,否则很难克服眼前的困难。从这个角度来看,我认为大家的责任重大、任务艰巨。

关于工会的问题,有很多争议,我一直在思考这个问题。工会经常举行各种抗议活动,第二次世界大战结束后,这种情况一直在持续。但是,工会不可能让公司倒闭,能让公司倒闭的是经营者本身。经营者可能会导致公司倒闭,但工会绝对不会。然而,持这种观点的人并不多。很多经营者认为:"工会真让人头疼,这样下去公司肯定不行。"我认为,这类经营者非常贫乏。我经常被各种激烈的工会运动困扰,甚至在走廊里被他们一边跺着脚、拍桌子,一边指责,但即使这样,他们最终还是会保护公司。员工的这种心理，也可以说是一种依赖心理。

经营者重视公司，就意味着要重视与公司相关的每一个人。经营者应该重视工会，无论工会采取何种形式，都应该将其视为唯一的朋友和唯一可以商量的对象。认为工会会毁灭公司，视其为敌人，这是巨大的错误。

我认为，现在的工会并非尽善尽美，存在很多问题，需要改进。但更可怕的是经营者的想法，或者说是最高领导层的想法。我认为，这才是对公司最大的威胁。因此，我希望，无论是公司经营者，还是与经营者类似的人，都要重新思考自己的存在是否真正对公司有益。也许有人会说，没必要这样做，但我希望大家认真思考这个问题。

## 把重要客户的儿子送去当学徒

我曾经做过一个实验。之前我遇到过一位非常重要的客户，他是一家公司的社长。我当时直截了当地对他说:"A先生,我决定不再向贵公司出售商品了。""为什么?""因为贵公司要倒闭了。""不至于吧,我们不会倒闭。""不,你们会倒闭。你们公司有个人会毁了它。""是谁?""不太方便说。""请告诉我吧。""是你的儿子,贵公司的副总经理,他会毁掉贵公司的。他不行。"听了我的话,他很惊讶,问道:"我的儿子不行吗?""在我看来,他不行,他会毁掉公司。虽然对贵公子有些抱歉,但我告诉你一个好办法。把他送到别处去当三年学徒,磨炼三年。如果找不到地方,可以把他送到我们公司。然后,你亲自担任副总经理。"听到我的建议,这位社长很沮丧。他说:"我回去跟太太商量一下。"他和太太商量后的结果是,"我们想留下他,然后想办法说服他,这样可以吗?""不行。"我回答得斩钉截铁。

后来,他终于同意了,把儿子送去别处当了三年学徒。结果公司迅速好转,三年后学成归来的儿子已经成熟,可以独当一面了。我向来都是像这样真诚地跟客户表达自己的真实想法。那家公司原本有一亿日元的亏损，仅仅用五年左右的时间，就积累了一亿日元的存款。

一般情况下，人们不会说这些话。比如，儿子担任公司副总经理，就算这个副总经理能力不行，也不会有人直接说出来，主要是没有人敢说。但是，我直截了当地说出来了，因为我能看到公司的倒闭。虽然公司一直在亏损，但社长不认为是儿子要毁掉公司，儿子也不认为自己会毁掉公司。他们一直在想尽办法经营公司，但问题是虽然心里这样期待，但实际行动却很糟糕。这种情况非常普遍。现实是，十家公司中，至少有两三家会遇到这种情况。也许你们的公司也是如此呢。

你们可能会说："我自己非常努力，我为公司付出了一切。"但从某些角度来看，你们可能已经"走进了误区"，让人觉得"这个人要毁掉公司"。所以请你们扪心自问，想想松下曾经说过的话，看看自己是否也是这样。如果确认没问题，那很好。但如果觉得有些可疑，那就来我家吧，我会好好跟你们说清楚的。

## 倾听意见，集思广益

我在加藤先生身边学习、修行了二十年，从他那里学到了很多东西。一开始，是他主动投靠我，但最终他抛弃了私心，心怀高尚的愿望，想要为我、为公司付出一切，成就了善果。

我在 PHP 杂志上经常强调要集思广益，我认为不这样做的人绝对不行。有些经营者会听取员工的意见，但有些却不会。无法听取员工意见的经营者是不可靠的。有这样的经营者，公司无论发展得多么出色，最终都难免倒闭。所以，无论员工的意见，还是客户的意见，都要认真倾听。只有这样才能取得成功。

然而，现实总难以顺着理想发展。有些人拿着父母的钱，读完初中、高中、大学后，回家就成了少爷，成了副总经理。这样的成长过程，不利于取得真正的成功。当然，其中也有一些人能够成功，但大多数人不行。有些人对这种现象漠不关心,这非常危险。

松下电器大约有五百家直接客户,其中三百家左右都像我的亲戚一样,我一直提醒他们:"你要注意啊。""你的儿子不行,你不能不管他。"他们总是说:"是吗?"但是,过些时候,他们都会来感谢我。做生意,如果没有这样的用心,就会失败。

我已经八十岁了,其实没必要再过问别人的生意。虽然如此,但我认为,如果我们没有这种关心他人的心,最终还是会失败。

有些人听到我的意见会很高兴,有些人却会很不高兴,嫌我多管闲事。对方不高兴的话,我当然就不敢再说了,虽然应该继续提醒他们,但有时我也无法说出口了。所以,被提醒的人,如果对提醒你的人摆出一副不高兴的样子,那就不对了。对那些愿意提醒你的人,一定要报以微笑,否则他们就不会再提醒你了。

## 借用他人的智慧

我觉得我还是得借用别人的智慧。讲老实话，我自己连一封信都写不了，因为没学过写字，就算签名，大家也会笑话我写得不好。有人来让我签名，我就给他们签，虽然他们嘴上不说什么，但肯定会露出那种表情。我一眼就看得出来。

不过，我还是会时不时出书，大家都会帮我写。因为我写不了，所以就请别人写。"你帮我写写我想说的话吧。""好的。"就这样，我每个月都能出一本书。

有人会问："松下先生，您那么忙，怎么还能出那么多书？去年您就出了十一本，真是高产啊！""你们说什么呢？我可没写，都是别人帮我写的。我说我想写什么，然后他们帮我写出来，最后再由我过目。我自己可是一个字也没有写。"我经常这样讲。

这样操作确实很方便，也很高效。如果我自己写，一年根本不可能出十一本书。但只要我说出来，就能变成书，这实在太方便了，而且大家还很信任我。大家信任我，是因为我没有说谎，我都是讲自己的真实经历，讲最有意义的精华内容。比如《如何拯救崩塌的日本》，这本书卖了七八十万本，还获得了奖项，是书店颁发的"新风奖"。

我出书不要稿费。要稿费的话，应该能拿到一千万到两千万日元，但那些钱归PHP研究所所有，不是我的收入。不过，这么说来，我也是可以靠写作吃饭的人了。这都是因为我没有学问。正因为没有学问，才会这样让别人帮助我写书；如果有学问，我早就自己写了。如此一来，时间就不够用，也做不成生意了。幸好我没什么学问，所以生意做得很成功，还能出书。真是太好了。

今天，时间有限，也没能谈什么特别的东西。最近，我总是感觉说不出话来，总觉得这里（喉咙）有点不舒服，说话很费劲。真是抱歉。为了能正常说话，我最近去找了东京的一位医生，只去了一次。以前我说话比现在利索很多，你们也知道，我能说得更流畅，让大家觉得"说得真好，真

## 第五章 谈经营

厉害",现在已经做不到了。所以现在只能像这样,带着助手一起参加活动。不过,今天跟大家分享的事情,应该还有一定的价值吧?我一直在认真地做这些事情,今天的内容是发表在本月公司内部杂志上的,这样的事情我每个月都会做。我以前也讲过很多故事,公司员工也都听得很认真。

前些天,我遇到了大阪商工会议所会长佐伯先生,他问我:"松下先生,你们公司现在有多少人?我们公司有五万人。"佐伯先生的公司,包括关联企业在内,共有五万人。"我们公司也有五万人。"我回答道。佐伯先生的公司包括关联小公司在内有五万人,我们公司包括小公司的话,有十三万人。现在我们在海外有一万八千人,光是海外就有这么多人。所以,公司发展得越来越大了,而我这样一个连笔都拿不稳的人,却在领导着这么大的公司。你们都是大学毕业生,身体健康、头脑聪明,完全可以取得更大的成功。所以,请你们充满勇气,共同努力,将日本建设成为一个世界强国,并向全世界展现我们应该有的样子。各位肩负着重大的责任,希望大家能够竭尽全力。今天就到这里,谢谢大家。

> 名古屋青年会议所五月例会
> 　　　1976 年 5 月 10 日
> 于名古屋城堡酒店(爱知县)

# 第六章
## 感谢、感恩的日子

企业属于大家

・日本这个国家,是靠着大家齐心协力,才发展成为今天这样繁荣昌盛的现代化国家的。为什么更多的人选择抱怨,而不是心怀对国家成就的骄傲和感谢呢?

・无论时代如何变化,无论社会如何发展,该教的还是要教。我觉得大家要懂得感恩,要懂得珍惜,要懂得社会对我们的恩情。

・相信成功非常重要。我坚信:"只要认真去做,这项工作一定能成功。一个本该成功的事业如果失败了,那一定是没有认真去做。只要认真去做,就一定能成功。"

## 第六章 感谢、感恩的日子

各位晚上好！今天是大阪青年会议所的一月例会吧。每个月都举办吗？真是学习的好机会啊！

今天，我也不知道该讲些什么，所以来到会场，想先看看大家的脸，然后再决定讲什么。但是，现在在会场里，灯光照着我，没有照着大家，所以我也搞不清楚状况了。大家都是什么年龄段的人呢？应该都是年轻人吧。四十岁以上的人就不能成为会员了吗？真的都是年轻人啊！都只有我一半的年纪。有可能连一半也没有啊，换句话说，你们都是前途无量的年轻人啊！

青年会议所是在第二次世界大战后成立的，战前应该还没有。战后成立了青年会议所，四十岁以下的人成了会员，大家会讨论日本的未来应该怎样发展，经济界应该怎样发展，并对此进行广泛的探讨。我觉得这非常好。

我最近声音有点沙哑，觉得自己不应该再做演讲了。但既然已经答应了，就还是硬着头皮来讲吧。三年前我也曾经在青年会议所讲过话。那时候我的声音还很洪亮，讲起来也比较轻松。但是从前年开始，我的声音就有点沙哑了。我自己也觉得很奇怪，去看过医生，但他们说我身体没有问题，这是很正常的现象。

原来人体的声带血管也会老化。现在我终于明白了，这不是病，是岁月的痕迹，是治不好的。一方面我觉得很麻烦，另一方面也觉得很安心，至少我知道这不是病。人老了，应该多少都会出现一些这样那样的问题吧。

……

## 想活过三个世纪

我还想继续工作。我打算活过三个世纪。我出生于十九世纪末，现在已经活到了二十世纪下半叶，如果能活到下一个世纪，也就是二十一世纪，就能活过三个世纪。我是在八十岁的时候下定决心要活过三个世纪的。我现在正在挑战活过三个世纪的目标。

再过二十二年，就满三个世纪了。那时候我就一百零六岁了,活过三个世纪就成了现实。想到这些,我充满期待,也下定决心要活到二十一世纪。

有了这个目标之后,我充满了干劲。既然距离活到二十一世纪,还有二十二年时间,还有很多事情可以做,我的脑海里不断涌现出各种想法。在立下这个目标之前,我七十九岁的时候,总想着明年就八十岁了,不知道什么时候会死,即使做再多的事情也没有意义。

可是,八十岁那年我决定要活过三个世纪,我的想法完全改变了。我安下心来,觉得还有二十多年时间,可以做很多事情。我虽然已经辞去公司会长职务,但仍然可以以个人身份做很多事情。想到这里,我开始思考日本的未来。

## 大学的增加与犯罪的增加

在我思考日本的未来时,现在的经济界、政治界和整个社会都会出现在脑海中,我会思考这些方面是否真的没有问题。就我个人而言,非常幸运,目前一切都很顺利，没有什么特别令人不安的事情，但是当我以一个旁观者的身份观察社会，却发现很多事情让我觉得不太对劲。

正如大家所知，最近大学越来越多，大多数人都上了大学。因此，大多数人都成了受过高等教育的人，拥有丰富的知识。但是，社会是否因此变得更加稳定了呢？我并不这么认为。大学数量增加的同时，犯罪率也在急剧上升。诉讼案件越来越多，其数量与大学数量成正比。想到这些，我就觉得很奇怪。

最近，我经常看电视，新闻里总是充斥着凶杀案这类犯罪事件，还有很多自杀事件。总的来说，情况不太好。为什么会这样呢？大家都上了大学。即使不上大学，也至少上过高中。虽然说社会变得越来越复杂，但由受过高等教育的人组成的社会不应该变得更美好吗？为什么犯罪率和自杀率反而会上升呢？这让我觉得很奇怪。究竟是哪里出了问题呢？我一直在思考这个问题。

最终我认为，问题在于，虽然大家都毕业了，但有的人并没有在人性的发展和进步方面有所提升。也就是说，拥有知识的人越来越多，但是很多人却没有接受过关于"何以为人"的教育。换句话讲，就是智育发展得很好，但是德育相对不足。

## 教育是否过于偏重智育

讲些极端的话，当今的社会，知识丰富的人越来越多，但是有"人性"的人却在减少。如果我用"有智慧的动物"这个词形容人，或许有些不妥，但事实可能就是如此。从更广的角度看，人也是一种动物。现在不是说人成了多么高尚的存在，而是说人这种动物，获得了动物的知识，却失去了动物的特性，反而更容易犯错。

所以，虽然大学很多，却无法真正满足我们的需要。一个人只有在拥有了与大学毕业生相匹配的特质后，才能称得上是真正完整的大学毕业生。目前的问题，也就出在这里。

现在的学校教育不可避免地偏重于智育，而忽略了对德行的培养,例如爱心的培养。坦率地讲,我们正在培养一群"有智慧的动物"。因此,一旦他们犯错,就会让人害怕,因为我们不知道他们会做出什么。我认为,这还只是问题的一个方面。

过去是什么样的呢?我认为过去和现在并没有太大区别,只是,过去的人会先学习如何做人。在学习科学、技术之前,人们会首先被教育:作为人,什么事情至关重要。他们会学习做人的道理,明白什么是应该坚守的行为准则。在这个基础上,才学习各种知识。当他们掌握了知识后,他们会用这些知识来互相帮助,为彼此创造更好的未来。

然而,现在这一切都不见了。学生把精心建造的大学建筑毁坏,人们对此并不感到奇怪,只是轻描淡写地说:"真让人头疼,现在的学生真是越来越不像话了。"

我们这些十九世纪出生的人,可能因为老了,总会想起我们上学的那个年代。当时,大学生被视为一个截然不同的、高贵的阶层。看到他们戴着方

## 第六章　感谢、感恩的日子

帽子，人们会觉得他们很尊贵，很了不起。"啊，那个人戴着方帽子，是大学生啊！"那时，所有大学生都戴着方帽子。

而且，那时候大学数量很少，人们很少有机会见到大学生。那个年代，如果能上中学，就已经会被视为很了不起了。"啊，那个人上了中学啊！"人们会表示相当的尊敬。因此，如果有人上了大学，人们会认为他们属于不同的阶层。

当年，如果一个大学生犯了杀人罪，那会是一件大事。全国的报纸会用大量的篇幅报道，并连续三天报道案情的来龙去脉。在大学毕业的人中，几乎不会有人杀人。也许十年中才会出现一两个这种案例。我至今还记得，在大阪京阪沿线，有一个叫六段池的湖，现在已经不存在了。曾经在那里发生过一起杀人案，相关的报道被连续刊登了三天。

那个案件并不是一个多了不起的人犯下的罪行，罪犯是一个普通人，案情也不复杂，如果发生在现在，人们只会一笑置之。但在当时，只要是杀人案，就会在报纸上连续报道三天。不仅如此，它还被改编成落语,在事发后的半年甚至一年内,人们都会谈论这件事。

直到 20 世纪 20 年代,都是这样。然而,现在几乎每天都会发生杀人案,或者自杀事件。这实在是太可怕了。但人们已经习惯了,只会说:"哦,又发生一起杀人案。"而且,即使是那些受过良好教育的人,比如大学毕业生,或者接受过相当教育的人犯下这种罪行,也很少会受到重视。

## 继续这样下去,会陷入困境

教育机构虽然在教育内容上取得了巨大的进步,但随之而来的是,受教育者犯下的罪行却丝毫没有减少,反而在不断增加。考虑到这一点,我不禁怀疑当前的教育模式是否适合当下的社会状况。

然而,这些问题在议会中几乎没有得到重视。议员们从未想过为何自杀率居高不下,为何政府的教育政策导致自杀和凶杀频发。这些问题究竟是什么原因导致的?

## 第六章 感谢、感恩的日子

相比之下，像洛克希德丑闻①这类事件，议员们会花上好几天的时间开展问答，从各个角度进行深入讨论，耗费大量时间。然而，最紧迫的，也是国家投入巨资的教育问题，却在议会中被忽视，这实在令人费解。

对此，我们必须思考这是不是一种可取的状态。各位都是商界人士，一定深有体会，去年国家的预算高达34万亿日元，今年更是增加了4万亿日元，达到38万亿日元。这是一个天文数字，可是花掉了这么多钱，换来了什么？正如我所说，社会上一些令人担忧的现象正在显现。

所有人都应该意识到，不能任由这种状况持续下去。然而，大家却对此缄默不语，选择视而不见。这种现状令人担忧。我们必须转变思维，对日本政治和经济的现状进行根本性的探究。如果继续

---

① 1976年3月，洛克希德公司总裁在美国参议院的证词引发了国际性的行贿丑闻。在日本，前首相和其他政治家、相关企业负责人等许多人被逮捕，此事震惊了日本政坛。

这样下去，明年和后年预算会不断增加，犯罪率会随之攀升，物价也会不断上涨。最终，政治在财政上也会陷入困境。日本表面上看似发展顺利，但实际上却可能走向死胡同，这令我感到深深的不安。

我今天作为一名普通国民感到焦虑，这种现状是否真的可以接受？如果我们认为现状可接受，那么这种局面将一直持续下去，明年和后年也一样。最终，国家的运营将会在经济层面崩溃，我对此深信不疑。现在的状况已经如同一脚踏进了泥潭，越挣扎，越深陷其中。因此，我认为必须进行彻底的政治改革。

我今天来这里，是想向大家征询意见，询问大家是否需要重新思考现状，是否应该相互交流，共同努力寻找解决之道。这正是我今天冒昧来访的原因。

## 邓小平先生的态度给我留下深刻印象

最近，中日签署了友好条约，越来越多的中国人来到日本。为了在 21 世纪的前 20 年内实现中国

## 第六章 感谢、感恩的日子

的现代化,让中国达到日本或欧美发达国家的水平,他们怀着强烈的热情来向日本学习。

前不久,《中日和平友好条约》签署后,邓小平先生访问了日本。我见到了邓小平先生,虽然只有短短的七八分钟,但我们还是进行了一些交流。邓小平先生说,中国迫切地想向日本学习,希望把中国快速建设成现代化国家。日本人民是先行者,请毫无保留地向中国提供帮助和指导。

他说话的态度非常谦虚,语气也很低沉。那一刻,我联想到中国经历了如此困难的时期,仅仅用二十年左右的时间,就已经解决了温饱问题,让国民不再为吃穿发愁,而且社会秩序井然,十分稳定。我不得不佩服中国人民的伟大。

建立起秩序,带领九亿人民(当时数据)团结一致,自力更生,一步一个脚印地前进。从这一点来看,身为中国重要领导人的邓小平先生的确是个值得尊敬的人。我原以为他会以某种方式表现出对中国已取得成就的骄傲,但与他交谈后,我发现他完全没有这种情绪。他只是单纯地想向日本学习,迫切地渴望学习。我不由得感慨，通过报纸、杂志等媒体了解的邓小平和实际接触中认识的邓小平太不一样了。

代表中国的邓小平先生，说话非常谦虚，他一心一意为了中国人民，想要建设一个更好的社会，想要一步一步地实现现代化社会，对这一点我感受强烈。

我个人认为，我们应该尽全力支持中国。虽然说"支持"这个词可能有些冒昧，但我确实感觉到，我们有必要根据他们的要求，尽力提供帮助。

## 为什么有那么多不满和抱怨

拥有九亿人口的中国（当时数据），是我们的一个邻国。如果将日本的情况与之对比，就会发现两者之间存在巨大的差异。日本现在已经成了世界公认的现代化国家，但问题是，每一个日本国民是否都真正认同这一点呢？日本这个国家，靠着全体国民的团结合作，才发展成为如今的现代化国家，并取得了如此大的成就。那么，对于这份成就，我们拥有多少骄傲和感激呢？虽然不能说完全没有，但我觉得我们并没有完全意识到这一点。虽然有些人会思考这个问题，但并非每个人都拥有这份骄傲和感激。在人们的交谈中，或者在报纸和杂志的文章中，我们听到的更多的是抱怨和不满，而不是对现状的感激和满足。这究竟是为什么呢？

我认为，问题在于我们的领导阶层（这么说或许不太准确），他们没有教导国民，让大家明白"如今日本处于这样的状态，是非常幸福的，因此我们必须清楚地认识到这份幸福"。由于没有得到教导，国民也意识不到这一点。吃到美味的食物，大家把它当成理所当然。只要味道稍微改变一下，人们就会抱怨说"这种东西怎么吃得下去"，表现出不满。

也就是说，国家没有教会国民知足，没有让他们了解现在的社会有多么美好。我认为所有问题都源于此。

企业属于大家

## 德川时代的少主教育

在过去的德川时代,大名们都有继承人,这些少主是未来的藩主。为了培养未来的藩主,大名会聘请专门的老师教导继承人。老师会教他们什么呢?比如,当少主吃饭的时候,老师会站在旁边问:"你知道现在吃的米饭,每一粒米是怎么来的吗?"少主肯定会回答不知道,老师就会继续问:"它是怎样做出来的呢?""这是领地的农民,在春天播种,夏天酷暑时除草,秋天收割,用汗水和血泪辛苦耕作才收获的米,用来做成了你现在的这碗饭。所以,每一粒米都凝聚着领民的汗水、血泪和辛劳。"老师会这样教导少主。

"原来每一粒米都这么难得啊?""是啊,并不简单。如果夏天不下雨,就没有收成,就会出现饥荒,领民就会非常困苦。种植大米是需要付出很多辛苦的。"老师会反复地这样教导少主。

因此,即使自己没有亲身经历过辛苦的种植过程,少主也能明白米饭是农民用汗水和血泪辛辛苦苦种出来的，而他只是在享用这种劳动成果。只要少主智力正常，就能理解这一点。在过去的时代，大名们是用这样的方式教育少主的。

如果没有这种教育，少主就不会意识到大米是农民辛苦种出来的，也无法进行价值判断。因为无法进行价值判断，他们的思想会变得十分贫乏。如果这样的少主将来成为藩主，不懂得感恩的他就会横征暴敛，甚至成为暴君。

但是，如果在少主十岁到二十岁之间，给予他充分的教育，不仅让他认识到大米的可贵，还教会他结合当时社会背景进行适当的价值判断，那么少主大多会成长为优秀的人才，并最终成为明君。然而，如果缺乏这样的教育，他就会成为不知世事，不懂万物价值的人，最终成为一个没有价值判断能力的统治者。生活在这样的统治下，领民会陷入困苦和贫困。

我认为现在比明治初年更需要重视教育。我们必须比明治初年更加清晰地理解教育的真谛，并认真地践行它。明治初年，即使没有接受严格的教育，人们也能从自身的贫困和艰苦中体会到生活的艰辛。即使没有专门的老师，他们也能理解万物的珍贵。当时的环境本身就为人类提供了教育。但现在生活富裕了，如果没有这样的教育，就无法让国民明白这些道理。可我们现在真的在进行这样的教育吗？事实是并没有。

现代社会已经发展到非常富裕的程度，但我们能否准确合理地对今天的社会现状进行价值判断呢？当然，有些人能够做到，但更多的人无法做到。我认为社会正朝着这个方向发展，问题也因此不断衍生。

## 选举权带来的自豪与喜悦

我先从自己的经历说起。对比五十年前和现在，当年税收非常低。我第一次获得选举权的时候，已经二十多岁了，当时只要每年缴纳三日元的国税就能获得选举权。一个街区里，只有三四户人家拥有选举权，也就是说，一个有五十多户人家的

## 第六章　感谢、感恩的日子

街区，也只有三四户人家有选举权，其余的人都没有选举权。那个时候还不是普选，而是限制选举，人们只有每年缴纳三日元的国税才能获得选举权。所以，缴纳三日元国税获得选举权，就意味着一个人正式成了大人，获得了社会认可。为了获得它，人们会付出巨大的努力。

终于可以获得选举权了，这是因为我缴了税。大多数人没有缴纳国税，因为他们没有收入。因为清楚这个规定，所以当我获得选举权的那一刻，我的自豪感和喜悦感无法用语言形容。我终于成为大人了，终于可以缴税了，终于获得了选举权，我内心是充满感激和自豪的。

当时，议员们都是了不起的人物。当议员来我家的时候，他会低着头说："啊，松下先生，您好。"前几天他还不给我鞠躬，今天因为我获得了选举权，他才会给我鞠躬。虽然这看起来很平常，但我内心充满了喜悦。我终于也成为大人了，拥有了选举权，真是了不起啊！

今天，获得选举权不会再让人有这种喜悦的感觉了，因为大家在二十岁后就自然拥有了选举权，所以人们不再感到喜悦。但是五十年前，获得选举权带给我们的是无比的自豪和喜悦，是发自内心的感动。

很遗憾，今天人们已经不知道这种喜悦，自然也就不会有自豪感、感恩之心、责任感。因此，国家需要教导国民，应该让大家重拾这种喜悦。现在是普选，人们达到一定年龄就自动拥有选举权。但是，我们不能只把它当成理所当然的事情，而是应该告诉年轻人，二十岁获得选举权，意味着你已经长大成人，是父母的关心和爱让你成为一个大人。我们应该让年轻人学会感激这种成长。然而，人们并没有这样做。父母没有教导，兄弟姐妹也没有教导。他们只会说："明年你就可以投票了。"然后就没有下文了。

在我们那个时代，获得选举权意味着你已经独立工作，并取得了一定的成功，有能力缴纳国税。虽然纳税金额只有区区三日元，但那也是我们对国家的一份贡献，是我们获取选举权的必要条件，所以我们能够理解选举权的宝贵。因此，我们会认真地行使自己的权利，绝不会轻易放弃投票。现在，虽然到处都在宣传"防止弃权，防止弃权"，但弃权率仍然很高。在一些补选当中，投票率甚至只有百分之五十。

## 懂得价值判断的重要性

一个人能够对事物的价值合理地进行判断，这是至关重要的一件事。不能进行价值判断，会衍生出各种各样的问题，导致不满、怨恨、索取，让人无法顺利发展。能够进行价值判断的人，则会感到满足，认为"这样就足够了，这样就很好"，并自觉地想为社会做贡献，要回馈社会。如此一来，他们的日常生活就会发生翻天覆地的变化。我之所以这么说，是因为我亲身经历过这种转变。然而，现在的人们可能无法体会到这种转变了，我认为这样是不行的。

如今，选举制度已经改为普选，大家认为二十岁后拥有选举权是理所当然的，我认为这种想法是不可取的。能够活到二十岁，本身就意味着你在成长过程中付出了努力，也意味着你的父母用心把你抚养成人了。你必须能够对他们付出的辛苦进行价值判断，你幸运地健康成长，没有遭遇意外，身体健康地度过了二十年，这都是父母无微不至地关怀和照料的结果。正因为有了他们的辛苦付出，你才能够顺利长大成人，获得选举权。这是多么值得感恩的事情啊！只有认识到这一点，你才能对自己获得的这一票进行合理的价值判断。

我当年亲自缴纳了三日元的国税，才获得了选举权。我当时很高兴，觉得很值得。然而，现在的人没有这种体验，他们无法理解其中的意义，所以前辈必须教导他们。

## 作为人生前辈的责任

最近，大家都在参加成年礼。成年礼上，长辈们会照例说："今天你们成年了，以后你们就是大人了。恭喜你们！从现在开始，作为一名成年人，你们要拥有成年人的自豪，也要肩负起成年人的责任。"这些话有些老生常谈，并不能让年轻人感动。大多数话语都是理所当然的，没有振奋人心的东西，因此，年轻人对年满二十岁的责任、感激，并没有什么特别的感受。他们只会觉得"终于可以喝酒了，终于可以抽烟了"，而没有对过去成长岁月的感恩和感动。

我的思考是，无论时代如何变化，无论社会如何发展，我们都应该把应该教的东西教给年轻人。我们要让他们明白，这是一种恩惠，一件值得感谢的事情，是一种来自社会的仁慈。如果不这样做，就意味着我们这些前辈、父母，或者说成年人，没有尽到自己的责任。

所以，我今天站在这里，和大家说说我的心里话。虽然我已经八十多岁了，而你们才四十岁左右，但我还是要说一些让你们不高兴的话。因为我觉得这是理所当然的，也是我的责任。我想问你们，当你们获得选举权的时候，你们有没有心怀感激？你们有没有认真地体会过二十岁的成年人，获得选举权的喜悦？如果你们没有这种感受，你们的父母有没有告诉你们"你已经长大成人了，我们养育了你二十年，你健康长大，顺利成年，真是太好了。正因为我们都非常出色，所以才有了今天的荣耀"？我觉得你们可能没有经历过这些。

我想说的是，你们没有对这二十年的成长过程进行价值判断，所以不知道自己能做什么。我希望你们能够回忆起自己刚成年时的心情，并且把它铭记在心。十年后，当你们三十岁的时候，或者进入公司，获得了一定职位的时候，或者继承了家业，成为一家公司的老板的时候，我希望你们能够在每一个重要的时刻，想起这些感受，怀着感恩和喜悦，以此激励自己，告诉自己应该怎么做。大家有没有做到这些？我相信有些人做到了，但也有一些人没有做到。我希望你们能够时时刻刻记住这一点，并付诸行动。

我以自己为例，虽然很不好意思，但我每逢新年，都会想："啊，今天是新年，真是美好啊！过去一年平安无事，真是谢天谢地啊！今年我应该更加努力地奉献自己，因为过去一年平安健康，而且还赚了一些钱，今年我应该回报社会，贡献自己的一份力量。"当我这样想的时候，就会充满勇气，充满活力。所以，那一年也会过得平安顺利。每到新年，我都会这样想，年年如此。

## 日复一日，心怀感激地生活

今年新年，我遇到了一些令人高兴的事情，和大家分享两三件。我一直想着每年新年都去神社参拜，祭拜神灵。虽然一直记挂着，但现实是每到新年我都非常忙碌，根本抽不出时间去参拜。就这样，我连续好几年都没能在新年去参拜神社。每当想起这件事，我都后悔不已，心想明年一定要去，但总是事与愿违。然而，今年正月初六，我终于去参拜了伊势神宫。多年来的心愿终于在今年新年达成，我感到非常高兴和满足。

我已经八十四岁了，身体依然健康，还能在新年伊始去参拜神社，真是太幸运了！从伊势神宫回来后，我又想，难得来一趟，不如再去热田神宫参拜吧。现在交通方便了，可以从伊势神宫回来时在名古屋停留，去热田神宫参拜后再回家，十分方便。在以前，这些事情根本不可能轻易做到。

之后，不知是不是这些经历的缘故，我又去了一家工厂参观，那是正月初九。我已有两三年没去过那家工厂了，这次去发现它变化很大。工厂内部焕然一新，比以前进步了很多。无论是生产设备还是产品，都比我想象的要先进和优秀，远远超出了我的预期。我非常惊喜，满心欢喜地离开了。我在东京的工厂中也看到了类似的情况。今年新年我参拜了神社，还去了两家工厂，发现它们都变得非常好，令人刮目相看。我感到非常高兴和满足。

今天也是如此。我今天也很忙，从门真总部往返大阪两次。第一次是去参加《朝日新闻》创刊一百周年的庆祝活动。参加完活动，我回到总部，然后又马不停蹄地赶来这里。

对我来说，这确实是很辛苦的。两次往返大

阪，即使是坐车也会感到疲惫。尽管如此，我依然心怀感激，今天能够见到大家，即使说些不着边际的话，能和大家聊聊天，我也会感到非常荣幸，所以才特意赶来这里。

我年纪大了，大家也经常提醒我不要太勉强自己，每当听到这些提醒，我都会充满感激地说："谢谢，谢谢。"但我从来没有觉得太累，或者不愿意参加聚会。无论去哪里，我都心怀感激，认为有机会出门就是一件值得高兴的事。至于内容是好是坏，那是另外一回事，能有机会和大家说说话，我已经非常满足了。总而言之，我现在每天都过得充实而快乐，内心充满着感动，这就是我今天的心情。

## 创办松下政经塾

我之前宣布要创办松下政经塾时，跟一位朋友谈起过这件事，他说："你都八十多岁了，为什么还要做这样的事情？"看到我的不解，他接着说，"你都八十多岁了，说不好什么时候就不行了，别人把自己的儿子交给你，成为你的学生，你死了怎么办？没人会来这里的，别做了。"听了这样的话，我一度决定放弃。但最终我还是认为，这件事必须做，于是下定决心，宣布创办松下政经塾。

结果，我收到了大量来自各界的鼓励信，这给了我很大的勇气。就在前两天，也就是昨天，我们召开了发起人会议。会议圆满结束，我已经向文部省递交了财团法人申请。今年秋天开始招募，明年五月正式开塾。

我原本担心没有人来，但现在已经收到了两百份报名申请。其中包括在美国留学已经毕业，将来回国后想要申请入学的人，还有正在读大一，三年后一毕业就想来学习，所以申请的人，等等。看来正式招募的时候，申请的人会很多，甚至可能会让我应接不暇。

我认为，松下政经塾将会比我预想的更加成功。为什么我会这样认为呢？因为我相信，松下政经塾成功与否，不但取决于我们如何经营，更取决于日本这个国家是否有运气。即使我们培养出再优秀的学生，如果这个国家没有运气的话，我们的努力终究是徒劳的，这个塾也不会成功。但只要这个国家有运气，这个塾就一定会成功。

事实的确如此。即使每一个国民都相信日本，认为日本是最好的国家，为国家和社会努力奋斗，但如果这个国家没有运气，那么努力可能会成为徒劳。但如果这个国家有运气，那么那些对这个国家至关重要的事物就很可能会成功。这样想的话，我可以满怀信心，相信这个塾一定会成功，不用担心。就算我突然去世，也一定会有其他人接替我的工作。他们会比我更有知识，更适合这份工作。所以，根本不用担心。关键是要下定决心，付诸实践，这个过程是最重要的。只要我们踏踏实实地完成这个过程，就一定会有其他人接替我们的工作。这是因为，我相信这个国家。

## 乐观主义与悲观主义

连我这个老人都能这样想，你们这些充满朝气的人，应该比我乐观十倍。

我希望活过三个世纪，我希望你们能够看到我取得的成果。但如果你们都不在了，就无法看到这些成果了。所以，你们要比我活得更久才行。我希望你们能够放心地看到这一切，可千万别比我先离开人世。

我认为，如果陷入悲观，人就会彻底悲观，最终走向自我毁灭。但是，如果以乐观的态度生活，世界一定会像我们预想的那样发展。

乐观主义和悲观主义，哪个更好呢？虽然我非常敏感，但我选择乐观主义。

每个人天生都有乐观和悲观两面，因为我比较敏感，所以更容易悲观。但是最近，我彻底地选择了乐观主义，即使我气得青筋暴起，我的内心深处也始终在告诫自己要乐观；即使我面容僵硬，歇斯底里，我的内心深处也始终保持着乐观的态度。我认为，我们必须做到这一点。我始终坚信这一点。

相信成功非常重要。你们每天都在工作，我也在工作。但是，我认为我的工作一定会成功。"为什么本来可以成功的项目会失败？因为没有去做成功的事。只要去做成功的事，就一定会成功。"我自己是这样想的。所以，我迄今为止很少失败。大多数时候，事情都按我的想法发展。

正因为我相信一定会成功，所以直到成功为止，我绝不放弃。无论是五年还是十年，只要还没有成功，我就不会放弃。

三十二年前，第二次世界大战结束后，社会一片混乱，我当时想："这样不行，人类天生就应该拥有繁荣、和平和幸福，即使它们是天经地义的，但人类却亲手摧毁了它们。这就是今天人类的现状。"于是，我开始推动PHP运动。当时，没有工作可做，所以我走上街头，呼吁人们参加PHP运动。结果，没有人响应我。最后，我在梅田车站前撤回了PHP运动的传单，因为没有人愿意参加。尽管如此，我依然坚持着自己的信念。

## "问问煤炭吧"

后来,因为没有人回应我的呼吁,我便前往大阪地方法院。当时,那里大约有50名法官。院长将我带到演讲室,说:"松下先生,请您讲讲吧。"听众是50多名法官。我滔滔不绝地讲道:"现在日本战败了,非常痛苦。这只是一个暂时的状况,日本很快就会好起来。但是,现在的政治,与其说是在重建日本,不如说是让日本更加难以振作了。"之后进入问答环节,一名法官站起身问道:"松下先生,我听了您的演讲,一部分内容明白了,但有一部分我不理解。您说煤炭开采不出来,为什么煤炭开采不出来呢?"

当时,我谈论了煤炭短缺问题,我们正为此感到非常困扰。为了鼓励开采煤炭,政府甚至制定了免除开采山区所得税的法律,让开采者免交税款。因此,开采煤炭的人赚了不少钱。但煤炭仍然短缺。我谈论的正是这个事情。

结果,就有了关于煤炭开采不出来的问题。我

## 第六章 感谢、感恩的日子

回答道:"那就问问煤炭吧。"那位法官勃然大怒,说:"现在这么忙,您开什么玩笑?我们不是来听您讲笑话的!"我非常惊讶,心想真是火气大啊。我接着说:"可是煤炭不会说话,那就让我代替它说吧。"

有一家公司,二战后陷入困境,需要重建。于是,董事长召集了公司高管,说:"为了重建公司,我希望大家努力工作。"到此为止,都很正常。但是,如果他接着说:"不过工资会降低。"那些高管会怎么说呢?如果说所有员工的工资都会降低,大家或许还能理解,但如果只说高管的工资会降低,高管们会提出异议吧。所以我认为,这种政策是错误的。

既然要让大家努力工作,就应该说:"我们会分配一些利润,所以请大家努力工作。"这样才说得通。一面要求大家好好干,一面降低大家的工资,这么做的公司一定不会顺利运转。政府对煤炭也采取了类似的政策,所以煤炭才"不愿意出来"。人会说"我不愿意",但煤炭不会说话,所以大家都理所当然地这样做。也就是说，政府不向开采煤炭的人收税，但为了压低煤炭的价格，制定了公定价格，实际上让煤炭开采者亏损。政府正在实施这种政策，这就是现在煤炭开采不出来的原因。

我说完这些后，那名法官终于明白了。

## 永不放弃，直至成功

我一直很努力，也经历了很多困难。但我始终坚持一个信念：不成功便不放弃，所以直到现在我还在坚持。

最近，PHP 杂志在日本成了发行量最高的月刊杂志，销量达到了 126 万册。除 PHP 之外，发行量超过百万册的月刊杂志还有《家的光》，但 PHP 的销量更高。而且，PHP 研究所也实现了赢利，现在有 170 名员工，除了杂志，还出版各种图书。最初没有人理会我们，但经过 32 年的努力，如今 PHP 杂志成了日本发行量最高的月刊杂志，并且实现了赢利。归根结底，就是因为我们成功之前决不放弃。

如果你想成功,就一定要坚持到底,不要放弃。即使你死了,也一定会有人继承你的遗志,继续奋斗。当大家立下志向,想要做某件事的时候,坚持到最后一定会成功。失败通常是因为在中途放弃了,还没成功就放弃了。所以,中途不能放弃,要永远坚持你的志向,只有这样最终才能成功。

我就不再多说了。如果再继续说下去,可能会被赶出去了。真是太唐突了,实在抱歉。总之,大家都要努力奋斗!再会。

大阪青年会议所一月例会

1979年1月24日

于大阪花园酒店

## 第七章

# 对话全球青年社长

企业属于大家

・如果有十人，我就借十个人的智慧；如果有一百人，我就借一百个人的智慧；如果有一亿人，我就借一亿人的智慧。我始终秉持"万物皆为我师"的理念。

・素直之心让人强大，让人正确、让人明智。明智到了极致就是神，就是神的智慧。拥有素直之心，就相当于达到了神的境界，就能洞悉万物的真相。

・商人最重要的责任是赢得爱戴，一切工作都应围绕这一主题展开。做不到这一点的人，不适合做商人。

今天，来自世界各国的会员朋友齐聚一堂。有机会在这里发言，我感到非常荣幸。

正如介绍所说，我并没有接受过太多的学校教育，连小学都没毕业，所以，我的履历可以用"目不识丁"来形容。但是，我在社会上打拼了六十五年，多少还是有一些心得体会。我今天想在这里简单谈谈自己的想法，然后欢迎大家提问，我会一一解答。请大家不要有任何顾虑，尽管提问。

总之，这次大会在日本举行，对整个日本来说都是一件大喜事。从这个角度讲，大家不远千里前来参加，意义重大。

## 十年前提出的新人类观

接下来，在开始演讲之前，我想先提一下我在大约十年前出版的《思考人类》这本书，在这本书中，我提出了"新人类观"的概念。现在请先念其中的一部分内容。

## 新人类观的提出

宇宙中存在的一切事物，都在不断地生成发展，万物日新月异，生成发展是自然的法则。

人类天生就拥有顺应宇宙变化、支配万物的强大力量。人类身处不断生成发展的宇宙中，开发着宇宙蕴藏的巨大能量，洞悉万物各自的本质，并加以利用，从而创造出物质与精神和谐统一的真正繁荣。

这种人类的特性，是自然法则赋予的天命。

正是因为拥有这种天命，人类才成为万物的王者，成为支配者。也就是说，人类基于这种天命，判断善恶，决定是非，揭示所有事物的存在理由。任何事物都无法否定人类的判断。人类确实是崇高而伟大的存在。

尽管人类拥有这种卓越的特性，但从个体现实情况来看，并非所有的人都能做到公正和强大。人类追求繁荣，却经常陷入贫困；渴望和平，却经常陷入战争；追求幸福，却经常遭遇不幸。

这种人类的现实情况，正是人类没有领悟到自身的天命，反而被个人的利益得失和智慧才能所束缚导致的结果。

也就是说，人类的伟大，无法仅仅依靠个人的智慧和力量来完全展现。当古今的先贤圣人以及无数人的智慧得以自由地、不受任何阻碍地提升并融合在一起时，人类的智慧总和将汇聚成众智，进而发挥天命的力量。众智正是将自然法则广泛地体现在共同生活中，发挥人类天命力量的最大力量。

人类确实是崇高而伟大的存在。我们应该了解人类的伟大，意识到自身的天命，不断提升众智，努力完成生成和发展的大业。人类长久的使命，就是自觉地实践天命。为了阐明这种使命的意义，并努力实现它，我在这里提出新人类观。

1972年5月

松下幸之助

上述"新人类观的提出"，虽然只是一些简单的文字，但它是我在过去八十年的生活经历中，对"为什么人类会发动战争？为什么人类会破坏和平？为什么人类在追求繁荣的同时会陷入贫困？"这些问题的思考和总结，也是我对这些问题的最终答案的简短表达。

这些文字超越宗教、时代和各种学说，是我对人类本质的思考和感悟。我将它们整理成文章，大约十年前发表出来。

随后，我把"新人类观"介绍给各宗教团体、学校等，征求他们的意见。我本以为各宗教团体会指责我，说我发表这种观点是不可理喻的，但令人意外的是，没有一个人反对。甚至还有宗教团体将"新人类观"刊登在他们寺院的刊物上，表示非常赞同。这些反应说明，这一观点并不令人反对，反而令人赞同。

正是基于这种"新人类观"，我们PHP研究所一直在进行相关研究。关于这个观点，我就说到这里。接下来，我想分享一些我作为经济人和实业家的亲身经历。

## 遭遇事故，领悟"强运"

我从九岁开始就出去做事，当时做的是类似于学徒工的工作，叫作"丁种小僧"，现在已经没有这种说法了。我从那个时候开始工作，今年正好是九十岁了，按照日本的说法是虚岁。我从小身体就不好，能够活到九十岁，我感到非常幸运。

这八十多年来，我一直都在工作，几乎没有时间玩乐。我开始经商的头十年，每天只睡三个小时。现在想想，我当时真是能吃苦，因为我身体一直很弱。医生也多次告诫我，如果再这么拼命工作，我就会死掉。但我一直没有放在心上，一直都在工作。如今，我已经经商六十五年了。

这期间，我有过好几次差点丧命的经历。我曾经因为生病而差点死去，也曾经遭遇车祸，差点丧命，还曾经从船上掉到海里，差点淹死。但奇怪的是，我都活下来了。

有一次，我在骑自行车时被汽车撞了。当时我正骑车过十字路口，突然从另一边驶来一辆汽车，砰的一声，我的自行车就被撞坏了。当时我正在铁轨旁，正好有火车经过。当时我想："完了，这次要死了！"我自行车后面的行李散落一地，火车也正好驶来。就在火车离我只有几米远的地方，它突然停了下来。如果它没有停下来，我肯定会被撞死。然而，我却毫发无损，连擦伤都没有。我的自行车已经彻底被撞坏，而我却毫发无损地站了起来，你们看，我现在好好的。我当时马上就收拾起了散落的行李。

许多人围过来，看到我毫发无损，都感到很惊讶，觉得不可思议，说我真是个奇特的人。当时，我就感觉到自己运气很好。这次事故原本能让我受伤，但我却毫发无损，这简直是奇迹。发生了这种不可思议的事情，当时我就觉得，我死不了。那是在我经商十年左右的时候发生的事情。从那以后，我一直都很健康，活到了今天，已经五十五年了。

我从那件事后就明白了，一个人的信念真的可以决定很多事情。从我意识到自己死不了的那一刻起，我就变得更加充满活力。我虽然经常生病，但一直活到现在。

## 建造木船和木飞机

那段时间，正值二战，政府命令我们做很多事情。当时，我主要生产电器，但是政府说："现在急需船只，你赶快去造船吧！"所以我就决定成立造船厂，开始计划造船。可是我压根儿不懂造船，却要开造船厂，真是不可思议。

我根本不知道要造什么样的船，就从淡路岛找了三个造船师傅过来，然后就着手建造大量200吨的木船。我们不是在船坞里造船，而是在陆地上将船分成一个个工段（工序）建造，然后用流水线的方式，每天造一艘。一艘船共八个工段，如果一天完成一个工段，一共需要八天。但我们以每天一艘的目标来完成任务，持续了两年。政府对此表示非常高兴。

后来，战争期间，航空总部司令、海军中将把我叫了过去。当时军人非常威严，我必须保持笔直站立的姿势，并向他敬礼。我敬了一个标准的军礼，然后等待指示。情况有些不同，平常他都是用命令的语气说话，但那天却用敬语。我问："阁下，有什么事要吩咐吗？"他说："松下先生，请坐，站着说话太累了。"我战战兢兢地坐了下来，然后他居然说，现在战争打得厉害，铝合金——也就是轻型铝——飞机已经没有了，想要我帮忙制造木飞机。他说："这个事情就拜托你了。"

我当时心想，"飞机是战争中最重要的武器，现在武器短缺，他们居然找我这个连飞机是什么都不知道的人来制造飞机，这难道不是战败的征兆吗？"但这些话我当然不能说出来。

我就回答说："阁下，我们没有能力制造飞机这种复杂的东西。我们只生产熨斗、插座之类的产品，根本无法制造飞机。"我当时确实也吓了一跳，"我们一点造飞机的技术都没有，所以根本不可能。"我果断拒绝了。

他说："不，海军方面已经调查过了，经过研究，认为最适合制造飞机的人就是你，松下先生。你之前不懂造船，却想出了前所未有的造船方法，还实现了每天造一艘的效率，所以大家都认为只有你才能完成这项任务。我们经过商量，最终决定来拜托你，请务必答应。"我继续说："可是我们没有技术，根本没有办法造飞机啊。"于是他说："不用担心，技术方面我们会从海军那边调人过来，你只需要负责管理、协调就行了。"无论如何，这都是一个冒险的计划，就像让一个修自行车的去造机车一样。"我们实在没有能力做到。"我还想拒绝，但他却说："这是命令。"

"我是在拜托你，但实际上这是国家的命令。现在正处于战争期间，如果你拒绝命令，你将被处死。"他这么说。我当然不想被砍头，就说："既然如此，我尽力而为吧。"我最终还是答应了。

接下来，我需要找到至少十万坪（1坪≈3.3平方米）的土地，在上面建造工厂和机场。要买十万坪土地可不是一件容易的事，要到处寻找合适的土地。但事情进展得非常快，海军派人过来，将所有农民都召集起来，然后一百多个地主都来了，他们只用了十分钟就决定将他们的土地全部交给我。海军派来的人说："松下幸之助先生要建造飞机工厂，请各位把你们的土地交出来，一共十万坪。"没有一个人反对，他们都说："好。"十分钟的时间，我们就得到了十万坪土地。现在，这至少要花三年时间才能办妥。我感叹，权力真是了不起啊！

大约一年半后，工厂建好了，就开始购买机器设备。可是根本没有机器设备，到处都缺货。如果在城市里购买，只能买到一些破旧的机器。在这种条件下，我们开始了飞机制造。但结果还算不错，战争结束前，我们造出了三架样机。发动机是三菱重工提供的。

然后我们就进行试飞，结果飞机真的飞起来了！时速达到了350公里，一共三架。在我正准备开始正式生产的时候，战争就结束了。真是天大的笑话。

## 背负七百万债务，重新出发

就这样，我办了造船厂，又办了飞机制造厂。后来，我还专门成立了一家生产螺旋桨的航空公司。政府一分钱都没有给。八月十五日,战争结束了。当时,我需要偿还数千万日元的债务。之前他们承诺说,只要我们帮忙,他们一定会补偿我们,不会让我们吃亏。可战争结束后,那些许诺的人都不见了。

第二次世界大战之前,我个人拥有两千万日元的资产。战争结束后,因为战败,政府开始征收财产税。三井、三菱这些财阀都被征收了财产税,因为他们有财产,所以就被征收了。我没有财产,我的资产变成了负债,大约是七百万日元。因为没有财产,所以政府也无法征收财产税。就这样,我成了战后最贫穷的人。

虽然战败了,但我们还活着,这已经很幸运了。我们决定从头再来,这就是今天松下电器的起源。

虽然人还活着,但所有的财产和事业都化为乌有,这就是我战后的起点。我背负着七百万日元的债务,重新开始。现在,我多少也积累了一些财富。那段经历,那段前所未有的艰难时期,我们都挺过来了。

我们经历过各种各样的困难，没有食物，拥有一万五千名员工却没有工作。就算有工作，也无法做。再加上被列为财阀，还被认定为战犯，遭到公职追放。在被公职追放、无法工作、前途未卜的情况下，我创办了PHP研究所。

当时，如果严格遵守法律，所有人都会营养不良。法官坚持要遵守法律，结果因为营养不良而死。猎人在山上打猎，发现所有动物都营养充足。无论天上飞的鸟，还是山里的野兽，都吃得膘肥体壮，而人类却制定了法律，有人因为严格遵守法律而死掉。这真是太荒谬了，于是我开始开展PHP活动。

PHP，即繁荣、和平、幸福，这些都是人类与生俱来的权利。自人类诞生以来，这些都是不变的需求和愿望。但即使我们渴望繁荣、和平和幸福，这些也常常被破坏，一次又一次地被破坏。这次战争也是如此，许多人陷入了困境，无论敌方还是我方，都处于悲惨的状态。如何才能改变这种现状？

经过思考，我得出了结论：繁荣、和平、幸福都是人类与生俱来的权利。于是，我提出了全新的"人类观"。

如今，我还在继续运营PHP研究所。虽然只是一个小小的研究所，但我们一直在进行研究，现在已经拥有了三百名员工。我们希望从日本开始，将这种思想传播到全世界。这就是我人生的一半经历。

## 经济萧条并非天灾

现在全世界都处于经济萧条的状态，日本这样，美国这样，欧洲也一样。大家都在喊着"经济萧条"，都显得非常沮丧。但经济萧条并非天灾，而是人为的，是我们自己制造了经济萧条。

当然，也会有自然现象导致的经济萧条，但随着人类智慧的不断进步，由自然现象导致的经济萧条已经不复存在。所以，现在原本应该是一片繁荣的景象，持续的繁荣才是理所当然的。但是，现实并非如此。是谁在阻碍繁荣呢？答案是我们自己，是人类的智慧在阻碍繁荣。我们的思想不够完善，才造成了经济萧条，导致人与人互相争斗。

现在，各国之间出现了经济摩擦，但这并不是真正的经济摩擦，而是各国国民的意识在作祟。大家都在喊"经济萧条"，但其实，经济萧条并不存在，除非是人类制造出来的，否则它根本不存在。经济萧条完全是人类社会的产物，原本，经济萧条是不应该存在的。人类可以不断繁荣，持续繁荣才是理所应当的，这是人类智慧的体现。因此，企业家们才会聚在一起，举办世界大会，做各种各样的尝试。这些都是好的，但是，大家总是聚在一起谈论越来越穷。我认为这样不行。

今天这个会议，大家都是为了寻求幸福，寻求繁荣，寻求和平而来的。但是，我想问问大家，你们内心的想法是否与之相反？你们是否在渴望和平的同时，却在做着破坏和平的事情？在我看来，你们似乎就是这样。你们明明可以过得更好，为什么还要强迫自己喝苦酒呢？不要喝苦酒，喝甘甜的、令人愉快的酒吧！这样世界会变得更加美好。为了实现这个目标，我认为必须开展 PHP 运动。

你们可能没有意识到，但我意识到了。总有一天，PHP 的理念会传到你们那里。到那时，请回忆起今天我说的话。

今天，我的演讲时间是一个半小时，其中四十五分钟是我讲，剩下的四十五分钟留给你们提问。我就讲到这里，接下来，我会根据你们的提问一一作答。

## 问答环节

### 1. 事物总是"灯下黑"

**提问者**：我有两个问题想问您。第一个问题是，您开头朗读的人类观，是松下电器公司内部在实施的吗？

第二个问题是，您的人生取得了巨大的成功，但从您之前的讲述中，我感觉您非常谦虚。您是如何保持这种谦虚和低调的态度的呢？

**松下**：第一个问题，就是我提出的关于人类观的那些文字，在松下电器内部实施的程度如何。

目前在公司里，完全做到每个人都读过并实践那些文字，绝对是不可能的。这种事，身处其中的人往往意识不到这一点，要从外部才能看清楚，最后才能明白，这就像我们常说的"灯下黑"。

所以，即使是有能力的人，他的下属也可能反对。这就是现实。不过，你看耶稣，看佛陀，他们生前也并非一帆风顺。真正被世人认可，是在他们死后或更久以后。我的情况，可能不需要那么久，会更快。因为我太渺小了。

## 2. 素直则能见真相

第二个问题是，我看起来很谦虚，但这种谦虚的态度是源于什么样的心态呢？

我并没有刻意去谦虚，但我认为，任何事情都应该向大众学习。如果有十人，我就借十个人的智慧；如果有一百人，我就借一百个人的智慧；如果有一亿人，我就借一亿人的智慧。我一直秉持着这样的心态做事。因此，从一开始，包括这栋房屋、电灯，所有的一切都是我的老师。我认为，任何地方都有比我优秀的人。我最差劲，我一直抱着这样的想法。

所以，我想再和大家说一点，那就是要努力培养素直之心。素直之心会让你变得强大、正确、明智。每个人都戴着有色眼镜看世界，因此会产生各种问题。但如果你能拥有素直之心，以素直的态度去面对一切，就能看清事物的本来面目。

不要带着自己的欲望去看待事物，不要被事物所束缚，要以素直之心看待事物，这样就能看清事物的真相，就能透过表象看到本质。因此，让我们保持素直之心吧！素直之心让人强大，让人正确、让人明智。明智到了极致就是神，就是神的智慧。拥有素直之心，就相当于达到了神的境界。虽然神是否真实存在又是另一回事，但通俗地说，神是最完美的形象。所以，如果你拥有一颗素直之心，就能看清所有事物的真相。因为你看到了真相，所以你不会犯错。你会明白战争是错误的，你能看明白一家公司的好坏。

日本以前的那场战争，人们没有看到真相。他们认为只要开战就能获胜，这不是素直之心，而是被蒙蔽了的心。被蒙蔽的心会让你做出错误的选择，即使是必胜的战争也会失败，更何况是必败的战争。就是这样。

### 3. 关于"二百五十年计划"

**提问者**：这次会议讨论的问题之一是制订长远计划，我听说松下先生您制订了持续二百五十年之久的公司计划。这个计划的依据是什么呢?

**松下:** 您问"二百五十年计划"的依据是什么,这个计划没有依据,只是我的感觉。世间万物,在一定程度上是可以靠直觉判断的,只要你一直保持着这种觉察。比如,要不要和这个人合作,要不要和那个人合作,这些事情会有直觉的。就像电一样,瞬间就能明白,大概就是这样。

一个人是好人还是坏人,即使研究也无法完全确定,这就像一个不可靠的东西一样。因此,无论多么有逻辑,实际情况只有尝试了才知道。我是这么想的。不知道这个答案是否能解答您的问题,但就是这样。

## 4. 该如何帮助第三世界的人们

**提问者:** 我们作为YPO(青年社长协会)的成员,以及松下先生您本人,对于第三世界问题,能做出哪些贡献呢?

**松下:** 第三世界的人民现在非常困苦,他们甚至连温饱都难以维持,很多人都在饱受饥饿的折磨，我们必须帮助他们。我们都是人，应该平等地享受幸福，但是现实并非如此，世界上很多人都在忍饥挨饿，瘦骨嶙峋。我们不能坐视不管，首先要有一种帮助他们的精神。

只有有了这种精神，才能付诸行动。那么，全世界的人都有这种精神吗？这个并没有。现在仍有很多人只顾自己国家的繁荣昌盛，这种"只顾自己好，只希望自己的国家繁荣，只希望自己的种族幸福"的想法，只要存在一天，我们就永远无法帮助那些困苦的国家。把自己的食物分一半给邻居，缺乏了这种分配和救助的精神，就会很糟糕。有了这种精神，我们就能做到。

呼吁和提倡这种精神的人，必须是各国领导人。各国领导人必须有这种意识，但现实是，很多领导人只顾着自己的国家，只想着坐稳领导人的位置，只要自己的国家过得好就行，其他国家怎么样无所谓。只要人们还停留在这种只顾个人幸福的状态，就无法帮助那些困苦的人民。我们必须勇敢地向这种思想宣战，培养更多有勇气的人。

这种呼吁真的有用吗？它一定有用。当这种精神逐渐在人们心中扎根，它就会发挥作用，一个没有不幸的世界一定会到来。也许需要等待二百五十年才能实现。

**提问者：** 您刚才提到了几次繁荣，繁荣在您眼中，是手段还是目的呢？

**松下：** 繁荣既是目的，也是手段，两者兼而有之。

## 5. 不要执着于理论

**提问者：** 日本公司拥有终身雇佣制、年功序列制等制度。我认为，松下先生您在创建这些制度方面做出了很大贡献。但是，这样会不会导致日本企业出现过度雇用的问题呢？

**松下：** 完全不用有这样的担心，人总是会朝着好的方向发展的。大家来到这里，路上都没有意外吧？大家都安全地抵达了，并且可以听到我的讲话，没有人干扰吧？这就是必然的结果。所以，不要执着于理论，要保持素直之心。只要保持素直之心，你就能像大家一样，不会遇到困难，并最终走向成功。因此，不用担心。

## 6. 资本主义国家的"疾病"

**提问者**：我想问两个问题。第一个问题，您如何看待美国？您认为美国的优势和劣势是什么？您认为美国应该改进哪些方面？

第二个问题，这听起来像题外话，您总是能运用非常高明且有效的幽默，妙语连珠，您能谈谈您对幽默的看法吗？您觉得幽默在我们的生活中扮演着什么角色呢？

**松下**：第一个问题是关于美国的，这是一个非常重要的问题。对于美国人民来说很重要，对于我们来说也很重要。我必须回答这个问题，因为责任重大。

然而，即使是神，也并非无所不知，无所不能。有些事做得好，但也犯过很多错误。所以，一个国家是否优秀，这个问题并不好回答。虽然不好回答，但说到缺点的话，美国确实存在很多缺点。

如果要我说出一个缺点，那就是律师太多了。

现在，这种时代已经过去了。未来的发达国家，必须是一个能够用"法三章"①来治理的国家。日本现在也难以治理，很多人都在指手画脚。东京有一千万人，目前的政治是，如果一千万人中有一个人反对，就无法推进，所以，政治变得停滞不前，政治开支也变得非常庞大。国家财政支出很多，却什么都做不了，这就是日本今天的现实。

美国也是如此。总体而言，那些发达国家，民主主义发展程度高的国家，往往都会患上这种"病"。必须消除这种"病"。所以，未来比起法律，更要重视国民的道德教育。要培养国民良知，使其自觉不做法律禁止之事。必须进行这种教育。

现在的教育过于偏重知识教育，每个人都中了知识的毒。日本、美国、欧洲各国，所有发达国家都像中了知识的毒。人类社会仅仅依靠科学是不够

---

① 汉高祖刘邦入关时曾约法三章，废除秦朝的严苛法律，只惩罚杀人、伤害他人、盗窃行为。

的，科学只是人类社会的一部分，是人类生活的一部分，并非全部。无论科学发展到什么程度，如果只是想着制造武器去攻击敌人，那就错了。能够坐飞机来到日本，这是好的，能够像这样开会也是好的。但不能用飞机发动战争，不能总是想着这些事。

第二个问题是幽默从哪里来的，对吧？我并不幽默，我是一个阴郁的人。我虽然是一个阴郁的人，但我还是会说出我想说的话。所以，你说幽默是从哪里来的，我有点难回答。这个问题只能由第三者来回答。只能由第三者来谈论松下是一个什么样的人了，我本人很难说出口。

## 7. 首相的工资太低了

**提问者**：松下先生，您有没有想过参与政治呢？如果现在这个房间里进行选举的话，您可能会当选呢。对此，您有何看法呢？

**松下**：是啊，如果我现在当首相，那可真是个问题了。如果我当首相，月薪得涨个十倍。虽然有

## 第七章 对话全球青年社长

人劝我成为一名政治家,但是我还是不会去做。这太愚蠢了,月薪太低了,收入太低,而且还得承担很大的责任。这笔账不划算。

所以,现在我对政治有一个建议,应该把首相的月薪提高到现在的二十倍左右。必须这样做,否则就会出问题。日本有句谚语说得好,"被赋予权力的人,也应得到与其权力相称的收入"。

如果首相的月薪比一个小公司的社长还低,但权力却大百倍,这种情况是绝对不行的,这是不合理的。必须给予与权力相称的收入,这样那个权力所有者才会做该做的事。日本发展得好的公司中,社长的工资都比首相高十倍。即使是小公司,其社长的收入也比首相多。日本首相的收入比一个小公司的社长还少,这是有问题的。这一点就连小学一年级的孩子都明白。可是,许多议员却争论不休,无法理解这一点,所以,日本一直没有变得更好。其实本可以变得更好,但没有改善,我想这就是原因。

所以,必须给予与权力成正比的收入。如果不这样做,必定会出问题。这是人性规律。

### 8. 顺应周围的趋势

**提问者：**松下先生的公司往往能制造出比世界上其他公司更好的产品。我想知道背后的秘密，您能讲一讲吗？

**松下：**关于制造飞机，这并非出于我的本意。我并没有想要制造飞机，那是周围的环境决定的，是国家这个周围的环境决定的，我不得不接受命令。周围的环境就是这样，我不得不顺从，我无法反对。

我们必须顺应天下大势，否则就危险了。对抗大的趋势是不可取的，必须顺应。所有的事情都是这样，个人也好，城市也好，国家也好，都必须顺应自身所处的环境。

松下电器有七种精神，其中之一就是"顺应同化精神"。我们必须顺应世界趋势，如果世界趋势是发动战争，即使不喜欢战争，也不能说出来，否则会有生命危险。所以，无论如何，顺应大势至关重要。无论是在商业领域还是其他方面，都必须根据当时的社会形势开展业务。违背社会形势的商业行为是行不通的，我认为不会成功。

因此，松下电器的方针是，必须顺应当时的日本国情或经济界状况，或者更广义地讲，是世界状况。违背了它，就不会成功。我认为是这样。

**9. 女性和男性各顶半边天**

**提问者：** 本周我们讨论了女性不断变化的角色。您怎么看待这样的变化？例如，您认为这对日本企业来说是好事吗？比如在您的"二百五十年计划"中，您的孙女或曾孙女有可能成为公司总裁吗？

**松下：** 这个问题可不容易回答，大家要仔细听，因为这是关于女性的问题。女性问题不能随便谈论，会很麻烦。我们公司的产品，如果得不到女性的喜爱就卖不出去，所以，在这里讨论女性问题，我有点为难。不过，抛开这些顾虑，坦率地说，女性是人类的一半。男性一半，女性一半，这是无法改变的。基督无法改变，释迦牟尼也无法改变，只能顺其自然。

五千年的历史中，社会有的时候会虐待女性，有的时候会尊重女性，但总体来说，女性拥有半数的力量，男性也拥有半数的力量，这两股力量合二为一，形成了全部，无论到哪里都是如此。所以，必须高度尊重女性。同时，女性也必须尊重男性。非常简单，就是这样。

然而，最近女性过分用力，男性反而有点退缩了。我认为这样不行，当然男性太强也不行。大家必须并肩同行，必须相互协调。所以，女性和男性相互协调，这是铁律。我认为，两者必须相互依存。

有些人可能会说我这样说，模棱两可。模棱两可也没关系，没有哪个更尊贵，哪个更低贱。女性也好，男性也好，都是一样的。

## 10. 商人最重要的是被爱戴

**提问者：** 商人最重要的责任是什么？

**松下：** 您问的是商人最重要的责任是什么，对吧？

简单来说，就是被大家所爱戴。商人如果没有得到大家的喜爱，生意就做不好。要让人们觉得"因为是他在做买卖，所以我要去买"，如果人们没有这种想法，生意就做不起来。为了做到这一点，奉献精神至关重要。没有奉献精神，人们就不会想着去购买你的产品。

所以，商人最重要的责任就是被爱戴，做让人喜爱的工作。做不到这一点的人，就不适合做商人，注定会失败。就是这样。

最后，希望大家这次来日本都能获得满意的收获。我的讲话到此结束，谢谢大家。

YPO（青年社长协会）国际社长大学
1983 年 4 月 12 日
于东京新大谷酒店

## 松下幸之助生平年表

1894 年　11 月 27 日，出生于和歌山县海草郡和佐村
1904 年　小学中途退学，只身前往大阪做学徒
1910 年　作为内线员实习生入职大阪电灯公司
1915 年　与井植梅野结婚
1917 年　从大阪电灯公司辞职，尝试独立创业
1918 年　创办松下电气器具制作所
1923 年　设计发售炮弹形电池式自行车灯
1927 年　发售贴有"National"商标的角型灯
1932 年　举办第一届创业纪念仪式，将这一年定为知命元年
1933 年　实施事业部制，确定松下电器应遵循的"五大精神"
1935 年　对松下电气制作所进行股份制改革，成立松下电器产业株式会社
1940 年　召开第一次经营方针发表会
1946 年　被指定为财阀家族，受到七项限制；创办 PHP 研究所，开始 PHP 研究
1949 年　被报道为"税金滞纳大户"
1952 年　与荷兰飞利浦公司达成技术合作意向
1955 年　收入排名日本第一
1961 年　辞去松下电器社长一职，就任会长
1964 年　召开热海会谈
1972 年　出版《思考人类》，倡导"新人类观"
1973 年　辞去会长一职，就任顾问
1977 年　出版《我的梦，日本的梦　21 世纪的日本》，描绘了日本的未来图景
1979 年　创办松下政经塾，就任理事长兼塾长
1983 年　创立"思考世界的京都座谈会"，出任会长
1987 年　获得勋一等旭日桐花大绶章
1989 年　4 月 27 日去世，享年 94 岁

# 图书在版编目（CIP）数据

企业属于大家 /（日）松下幸之助 著；张小苑 译 .—
北京：东方出版社，2025. 8  --ISBN 978-7-5207-4481-2

Ⅰ . F431.366

中国国家版本馆 CIP 数据核字第 20256X1K13 号

---

KIGYOU WA KOKYOU NO MONO By Konosuke MATSUSHITA
Copyright © 1996 PHP Institute, Inc.
All rights reserved.
First original Japanese edition published by PHP Institute, Inc., Japan.
Simplified Chinese translation rights arranged with PHP Institute, Inc.
through Hanhe International (HK) Co., Ltd.

---

本书中文简体字版权由汉和国际（香港）有限公司代理
中文简体字版专有权属东方出版社
著作权合同登记号 图字：01-2024-1469 号

## 企业属于大家

(QIYE SHUYU DAJIA)

---

| | |
|---|---|
| 作　　者： | [日]松下幸之助 |
| 译　　者： | 张小苑 |
| 责任编辑： | 刘　峥 |
| 责任校对： | 赵鹏丽 |
| 封面设计： | 李　一 |
| 出　　版： | 东方出版社 |
| 发　　行： | 人民东方出版传媒有限公司 |
| 地　　址： | 北京市东城区朝阳门内大街 166 号 |
| 邮　　编： | 100010 |
| 印　　刷： | 北京联兴盛业印刷股份有限公司 |
| 版　　次： | 2025 年 8 月第 1 版 |
| 印　　次： | 2025 年 8 月第 1 次印刷 |
| 开　　本： | 787 毫米 ×1092 毫米　1/32 |
| 印　　张： | 9 |
| 字　　数： | 127 千字 |
| 书　　号： | ISBN 978-7-5207-4481-2 |
| 定　　价： | 54.00 元 |
| 发行电话： | （010）85924663　85924644　85924641 |

---

版权所有，违者必究
如有印装质量问题，我社负责调换，请拨打电话：（010）85924602　85924603

## 译者简介

**张小苑**

北京联合大学日语教师,译著包括《日中关系40年史》《钓鱼岛冲突的起点:冲绳返还》《概念式思考》《黑科技:连接世界的100项技术》等。

作为全球知名企业家,松下幸之助曾经影响了不止一代经营者,其经营理念、人生哲学备受全球读者推崇。伴随我国经济社会不断发展,中小企业越来越活跃,其对学习如何经营企业的需求愈发旺盛。为满足众多企业家的阅读需求,我社与松下幸之助先生创办的PHP研究所开展战略合作,将继续引进PHP珍藏书系。已出版发行的《天心:松下幸之助的哲学》等20多种图书备受欢迎。

### 已出版的松下幸之助经典作品

#### ①《道:松下幸之助的人生哲学》

松下幸之助人生智慧的总结,畅销566万册的代表作。告诉我们如何提升人格,如何提高效率,如何做出正确决定,如何获得价值感,如何面对困境和挑战,如何建立自信,如何培养坚定信念和独立精神,如何与人、组织、国家、社会协调关系,从而走上正确的、宽广无限的道路,度过美好人生!

#### ②《天心:松下幸之助的哲学》(平装)(精装)(口袋版)

天心是松下幸之助人生和经营思想的原点,是他勇夺时代先机、实现制度和技术创新的秘诀，更是广大读者学习"经营之神"思维方式的必读书。

### ③《成事：松下幸之助谈人的活法》

做人做事向往美好，从善的角度思考。想方设法做成事的强烈热情是创造的源泉。

### ④《松下幸之助自传》

松下幸之助亲笔所书的唯一自传，完整讲述其成长经历和创业、守业历程。精彩的故事中蕴含着做人做事的深刻道理。

### ⑤《拥有一颗素直之心吧》

素直之心是松下幸之助经营和人生理念的支点和核心。素直之心是不受束缚的心，是能够做出正确判断的心，一旦拥有素直之心，无论经营还是人际关系抑或其他，都会顺利。

### ⑥《挖掘天赋：松下幸之助的人生心得》

松下幸之助遗作、90岁成功老人对人生的回顾与思考，凝聚一生感悟。充分挖掘自身天赋、发挥自身潜能，才能度过充实而精彩的人生。

### ⑦《如何工作：松下幸之助谈快速成为好员工的心得》

怎样快速成为一名好员工？松下幸之助在三部分内容

中分别面向职场新人、中坚员工、中高层管理者三类人群有针对性地给出中肯建议。

### ⑧《持续增长：松下幸之助的经营心得》

如何在艰难期带领企业突围和发展？松下幸之助结合自身半个世纪的实践经验，从经营和用人两方面道出带领企业在逆境中稳步发展的真髓。

### ⑨《经营哲学：松下幸之助的 20 条实践心得》

一家企业想做久做长离不开正确的经营理念，"经营之神"松下幸之助基于自身五十多年的实践经验指出，坚持正确的经营理念是事业成功的基础和必要条件。

### ⑩《经营诀窍：松下幸之助的"成功捷径"》

企业经营有其内在规律，遵循经营的规律、把握其中的诀窍至关重要。松下幸之助在书中分享了自己经营企业五十多年间积累下的 37 条宝贵心得。

### ⑪《抓住商业本质：松下幸之助的经商心得》

企业要少走弯路，就得抓住商业本质，遵循基本逻辑。本书凝聚了一位国际知名企业家对商业本质和企业经营规律的深刻理解。

### ⑫《应对力：松下幸之助谈摆脱经营危机的智慧》

松下电器自成立以来经历了战争、金融风暴等重大危机，卓越的应对力使其在逆境中实现成长。应对力是帮助企业摆脱困境的法宝，是领导者的必备素养。

### ⑬《精进力：松下幸之助的人生进阶法则》

精选松下幸之助讲话中的 365 篇，可每日精进学习其对人生和经营的思考。

### ⑭《感召力：松下幸之助谈未来领导力》

感召力是一种人格魅力，是面向未来的最有人情味的领导力，本书旨在帮助有理想的普通人提升感召力。

### ⑮《智慧力：松下幸之助致经营者》

讲述了满怀热情、肩负使命、坚守正道、成就尊贵人生的智慧。

### ⑯《道路无限》

松下幸之助人生哲学经典读本，写给青年的工作和人生忠告。改变了无数人命运的长销书，20 年间重印高达 78 次。

### ⑰《开拓人生》

松下幸之助创作的人生随想集，作者随时想到随时记录下的人生思考。针对当下社会内卷，赋能人心，带来治愈、激励和力量。

### ⑱《员工必修课》

员工的活法和干法。收录了松下幸之助对松下电器内部员工和外部青年人士的讲话，核心观点是"员工自主责任经营"，强调每位员工都是自己岗位、自己工作的老板和主人翁。

### ⑲《领导者必修课》

"经营之神"松下幸之助经常带在身边的学习用书，领导者必备的教科书。松下幸之助从古今中外的众多历史人物和历史事件中精选了101条杰出领导者应具备的素养。

### ⑳《重要的事》

松下幸之助人生哲学精华集，青年必读经典读本。松下幸之助一生经验和心得的总结，辅以温暖治愈系插画，用轻松易读的形式呈现人生智慧。

### ㉑《更重要的事》

松下幸之助给年轻人的嘱托，青年必读经典读本，图文并茂。针对年轻人普遍烦恼的人生和工作的价值、人际关系、责任心、对未来的迷茫等问题解疑答惑。

### ㉒《为人父母重要的事》

介绍松下幸之助具有代表性的育人理念，精选与教养、教育、人才培养、人生活法、思维方式等相关的讲话和著述，汇编成册。针对父母们普遍烦恼的鸡娃、亲子关系等问题解疑答惑。

### ㉓《水库式经营》

水库式经营是松下幸之助的经营实学的核心理念。它是日本"经营之圣"稻盛和夫在《活法》中提到的经营理念，是其"人人都是经营者""在经营上留有余裕"理念之缘起与思想原点。

### ㉔《必须赢利》

世界500强企业松下电器创始人松下幸之助的经营实学，讲述企业经营中的实际问题，实操、具体。书中深入阐述了销售与竞争、中小企业困境、企业出海等问题。

### ㉕《顺时而动》

世界500强企业松下电器创始人松下幸之助的经营实学，讲述企业经营中的实际问题，实操、具体。书中深入阐述了企业如何应对经济衰退问题。